华夏智库
金牌培训师
书系

向沟通要利润

Xiang GouTong Yao LiRun

闫 伟◎著

中国财富出版社

图书在版编目（CIP）数据

向沟通要利润／闫伟著．—北京：中国财富出版社，2013.9
（华夏智库·金牌培训师书系）
ISBN 978-7-5047-4806-5

Ⅰ．①向…　Ⅱ．①闫…　Ⅲ．①企业管理—人际关系学　Ⅳ．①F272.92

中国版本图书馆 CIP 数据核字（2013）第 207043 号

策划编辑	范虹轶	**责任印制**	方朋远
责任编辑	丰　虹	**责任校对**	饶莉莉

出版发行	中国财富出版社（原中国物资出版社）		
社　　址	北京市丰台区南四环西路 188 号 5 区 20 楼	**邮政编码**	100070
电　　话	010-52227568（发行部）		010-52227588 转 307（总编室）
	010-68589540（读者服务部）		010-52227588 转 305（质检部）
网　　址	http：//www.cfpress.com.cn		
经　　销	新华书店		
印　　刷	北京京都六环印刷厂		
书　　号	ISBN 978-7-5047-4806-5/F·2008		
开　　本	710mm×1000mm　1/16	**版　　次**	2013 年 9 月第 1 版
印　　张	14.75	**印　　次**	2013 年 9 月第 1 次印刷
字　　数	205 千字	**定　　价**	32.00 元

前言
Preface

沟通是人们彼此之间交流与维护良好人际关系的重要途径。只要是生活在社会中的人，都离不开沟通。无论是亲人之间，还是朋友之间，也无论是上下级之间，还是同事之间，都需要正常的有效沟通。在管理过程中，缺乏有效沟通就会导致信息链条的中断、人际关系的疏远、团队人心的涣散，企业管理过程中也会充满对抗、冲突、扭曲和伪善。

沟通是企业管理的有机生命线，再有能力的领导者也很难依靠一己之力完成所有工作。管理者必须依赖他人和团队之力，有效配合与合作，最终才能做到有效管理、完成使命。因此，企业管理者本身成功与否，完全取决于其与上下级、客户沟通的能力和功夫。

在当今企业管理中，组织内部的沟通是否顺畅，已经成为能否激发组织智慧和劳动力的关键因素，更直接关乎企业的利润获得。然而，并不是所有的管理者都能够全面掌握沟通的方法和技巧，都能够在与上级、下级和平级的沟通中做到游刃有余，他们有时会陷入种种沟通误区。沟通为什么这么难？如何进行有效沟通？怎样才能通过沟通获得利润？

作为管理者，你做好沟通前的准备了吗？面对日益复杂的市场环境，管理者希望自己能够建立和谐、融洽、真诚的上下级关系以及同事关系；面对激烈的市场竞争，管理者又希望自己能够锻造出一支上下齐心、精诚团结的企业团队，做到企业高效管理。故此，管理者应该掌握最基本的与上下级、平级、客户沟通的技巧和法则。

无论你拥有的是上千人的团队，还是仅仅数十人的小组，作为领导者，你的工作状态会传染给你的下属和团队。沟通过程中一定要带有目的性进行交流，没有目的的沟通就是浪费时间。合格的管理者懂得说话的艺术，更懂得聆听在沟通中的重要性。一个不懂得提出问题和反馈信息的领导者，势必会被现代化的管理体制所淘汰。掌握最基本的肢体语言，能够使你灵活地运用沟通技巧，实现高效沟通、融洽沟通。

沟通不是万能的，但是不懂沟通也是万万不能的。管理中做到有效沟通便是在用最小的成本赚取最大的利润。如果没有有效沟通，即便投入千万资本，恐怕也会损失一空。沟通是一门深奥的艺术，需要讲究方法和方式，需要掌握技巧和因素，作为管理者的你都学会了吗？

本书能在较短的时间出版，真诚感谢秦富洋、方光华、陈德云、刘星、吴波、赵志刚、张艳杰、王道国、江晓兴、陈宁华、王咏、王奇珍、王军生、辛海、杨勇、王京刚等人在制图、文字修改以及图书推广宣传方面的协助。

闫　伟

2013 年 5 月

目录

C o n t e n t s

第一章
结果的追求
——沟通顺畅利润自来

有效沟通公司方能顺利运营

现代管理学理论表明："沟通"是一种自然科学和社会科学的再生，它是企业管理中的有效工具之一。"管理沟通"，究其概念，是为了既定目标，把相关信息、思想和情感在一些具体特定的个人或群体之间传递，并且达成共同协议的一种过程。此外，沟通还是一种技能，是人对其本身知识能力、表达能力以及行为能力的一种发挥。在当今社会，无论是企业管理者还是身在基层的普通职工，都是增强企业竞争力的核心要素。因此做好沟通工作，无疑成为企业各项工作顺利进行的前提。

由表象问题到实质问题的一种手段被称作有效沟通。企业管理讲究的是一定的实效性，唯有当我们从问题的根本和实际出发，实事求是，才是解决问题的根本途径。而我们在沟通的过程当中所能收获到的信息也往往是最为及时、最为前沿和最为实际的，从实际上说也是最能够反映出当前的工作情况的。当我们融入企业的经营管理中，面对各种各样的棘手问题时，假设只是单纯的从事物的表面现象去分析和解决问题，而不做深入了解，不能尽快地接触问题本质，或许便会给企业带来灾难性的损失。

如何能够在管理中统筹兼顾、未雨绸缪？那就要求在企业中个人与个人之间、个人与群体之间、群体与群体之间能够广泛的开展积极、公开的沟通，能够从多角度看待同一个问题，尽可能地拓展对问题的认知程度。当许多隐患问题还未曾发生，管理者就应该有能力从表象上看到、听到、感觉到，并且经过仔细研究分析，把一些不利于企业稳定的元素扼杀在摇篮中。企业的发展是伴随着发现问题并解决问题的一个过程成长壮大的，我们应该清醒地认识到企业中问题的解决是通过企业中有效的沟通实现的。

被评为全美最有社会影响的十大企业家之一的雷·克罗克，是麦当劳的创始人。熟识他的人都知道他并不喜欢整天坐在办公室里，他的大部分工作时间都用在了“走动管理”上，这种“走动”就体现在他的喜好上，在公司的各个部门甚至基层店面随时都有可能看见他的身影，多走、多看、多听、多问，这就是他的喜好。曾经有很长一段时间他所辛苦创建的麦当劳公司并不景气，面临严重亏损的危机，雷·克罗克经过调查研究，发现其中一个最重要的原因是公司中的各个重要的职能部门的经理都存在严重的官僚主义思想，他们的管理方式是躺在舒适的椅背上去指手画脚，把更多的宝贵时间耗费在抽烟和闲聊上，而疏于与老板、与其他各部门经理、与下属的沟通。久而久之，部门管理也就越来越涣散，与其他各个部门的合作也缺少了默契，都成了独立的个体。面对这样的问题，雷·克罗克想出一个“奇招”，他把所有经理的椅子靠背锯掉。起初很多人并不能理解这项措施，骂雷·克罗克是个疯子，但不久大家就体会到了他的一番“苦心”。经理们纷纷走出了自己的办公室，他们开始深入基层，跟雷·克罗克一样开始了“走动管理”。与他人沟通，及时了解情况，现场解决问题，使公司的各个职能部门重新开始正常发挥作用，使企业的信誉大增。在不久后公司扭亏为盈了。

不可否认，人都是有惰性的，更何况是在安逸舒适的情况下，必然会更容易使人沉迷其中。比如说，如果摆在人们眼前有两种选择：一种是在炎炎烈日下，另一种是在凉爽的空调下，我想更多人的选择会是后者。但是如果整天都待在办公室里，而不到外界去走动、去感知、去了解，更有甚者可能连世界发生了天翻地覆的变化都不知道，如何能把一个企业经营好？

有效沟通在快速发展中的现代信息化社会中日益重要，企业管理中需要探讨的一个非常重要的问题就是如何进行有效沟通。要想进行有效沟通，首要的就是明确目标。在一个高效的团队中，作为团队领导，进行有效沟通的解决办法之一便是目标管理。在目标管理中，领导者与基层成员讨论目标、计划、对象、问题和一系列的解决方案。当整个团队都着眼于完成既定目标，就能够使沟通有一个共同的基础，使彼此能够更好地去了解对方。即便是团队领导并不接受下属成员的建议，他也能够充分地理解其观点，同样下属对上司的要求也便有了进一步的了解，由此沟通的结果自然得到了改善。

目前在眼镜零售行业出现了一种眼镜零售业咨询机构，这种机构便是在激烈的市场竞争环境下应运而生的。它快速成为了该行业必须依靠的工具。所谓的“咨询机构”是进入沟通时代的产物，而咨询公司的老板也便是首席咨询官。为增强公司核心竞争力，提升企业管理，眼镜零售业必须聘请外脑，并与咨询工作融合。而咨询人员在为企业出谋划策的过程中必须具备与各部门进行有效沟通的能力。据该行业中的一些专业人士分析，用两个“70%”可以很直观地诠释出“沟通”在一个企业中所占地位的重要性：其中的一个70%，指的是作为企业的高层管理者，在实际上会有70%的时间“消费”在沟通之上（以开会、谈判、写报告或者对外拜访等方式出现）。而另外的一个70%，指的是企业当中会有至少70%的矛盾、问题是由于沟通上的障碍所引起的。由此，我们不难发现有效沟通这种手段在任何时候任何地点都发挥着巨大的作用，这也就更能体会到有效沟通的重要性。

现代管理学研究证明：要想获得有效沟通，作为团队领导者，应该善于利用各种机会进行沟通，关键时刻更要有能力创造出更多的沟通途径。这其中应该注意的是，能够与团队成员得到充分的交流并不是一件困难的事，关键是能够尽量创造出一种能够在关键时无话不谈的环境。

作为团体中的个体成员，要想能够达成有效沟通，必须要知道说什么、什么时候说、对谁说、怎么说。知道说什么就是要充分了解自己沟通的目的，如果自己都不明白该说什么，自然就达不到沟通目的；知道什么时候说，就意味着要掌握良好的沟通时间，就是俗话中说的“在对的时间做对的事”，把握住沟通的火候；知道对谁说就要求我们明确沟通对象，说得再好，如果选错了对象必然达不到结果；知道怎么说，就是掌握沟通方法，要用对方能够听得懂得类似于文字、语调和肢体动作等语言，能够透过这些常规的语言去进行有效沟通。

指令沟通到位能无障碍执行

工作指令沟通，并不只是简单地告知下属要做什么，还包括下属所承担的工作内容、对该工作任务的标准要求、在工作中应承担的相应责任要求和一系列奖励承诺、激励措施等，这些应该通过沟通传达给下属。工作指令沟通的重点在于激发对方所要采取的行动上，让对方明确要做什么、做到什么程度。指令沟通是否到位直接影响到工作执行效果的优劣。

工作指令沟通从相对关系分析可分为下达指令和接受指令两个方面。以企业为例，如果企业的机构设置比较复杂，“沟通困难”必然会成为企业面临的严重问题之一。高层的决策传达，往往不能够以其原貌展现给各个下属基层；而基层在执行过程中的一系列信息反馈抑或许多建设性的建议根本无法实现与决策者交流沟通。沟通的持续恶化，便直接导致了高层决策者依旧“煮酒论英雄”，而基层的执行者士气早已

“灰飞烟灭”。

据不完全统计，企业管理中有70%的问题来源于沟通障碍。比如，企业所常见的效率低下问题，往往是大家不懂得沟通甚至没有沟通所引起的。除此之外，执行力差、领导力不强等问题归根结底都与沟通能力的欠缺有关。

在我国东北有一家大型的国有企业，因为经营管理不善导致破产，后被一家德国公司收购。公司职员都在翘首企盼着新公司会有怎样的一个领导团队以及如何构建新的管理制度来扭转局面。令人大跌眼镜的是，德国总公司只是派了几个人来，除财务、管理、技术等要害部门的高层管理人员换成了德国人之外，其余根本没有发生人事调配。随即而来的制度也只是在原有的基础上增加了一条“上下级良好的沟通达到‘高层管理者，做正确的事；团队管理者，正确的做事；执行层人员，把事做正确’的效果”。除此之外公司只有一条要求，就是把原有的制度坚定不移地执行到底。在不到一年的时间里，公司扭亏为盈，走上了快速发展的道路。

指令沟通在字面上来讲就是“指令”和“沟通”，是上下级在工作交流过程中用得最多的两个方式。指令是上一级以直接对下属发出行政命令的方式来完成工作的部署和安排，其具有一定的强制性。而沟通则是参与人员通过对某一事项进行商议讨论以达成共识并付诸实施的过程。如果决策者对需要处理的事务比较外行，比如某一企业拥有多个烦琐的业务板块，高层对某一业务板块缺乏经验，此时应当适时与相关事务负责人进行沟通，听取他们的汇报与建议，避免决策失误。领导者的决策往往以指令方式下达，这种“沟通”所传达出的信息是刚性的，毋庸置疑，接受工作指令的人更没有任何自主选择的余地。这种“沟通”是一种单向的信息传递，是管理者对被管理者单向传递工作的内容和标准要求。这就对管理者提出一定要求，即便具有高超的管理艺术的人进行这种沟通，也不能运用过多的艺术，以避免使指令接受者理解偏差。

企业是一个极其特殊的组织，虽无硝烟大炮，却有生死存亡。德国人能够迅速扭转亏损局面的绝招是什么？那就是公司员工强有力的执行力。一个组织若想发展得井然有序，若想有很强的竞争力，就必须重视执行力。而执行效果的优劣最离不开的就是公司上下阶层的良好沟通。

在管理人员培训过程中，有一个名为“孤岛求生”的游戏。将在座的全部学员分为三组，分别为：正常人、哑巴和盲人。三个组成员分别进入三个不同的“孤岛”，每一个组都会有一份属于自己的任务书。在这其中，盲人组所得到的任务书只能是拿在手中，却根本无法知其内容，他们唯一得到的信息是上岛之前将告之30分钟后盲人岛将会沉没；哑人组成员可以从他们的任务书中获取信息，但却与内、外的沟通皆受到限制，他们仅仅知道任务的流程是需要让正常人帮助哑人去救盲人；在正常人手中的任务书是许多非常烦琐的物理、数学题，甚至其中一些根本无解，这些题目都是他们所要完成的任务之一，但是救人才是他们的重要任务。其中有一句话意思大概是：掉落岛外的任何东西都将被水冲到盲人岛。

当游戏结束后，教员跟学员解释说，游戏中的三个组分别代表着企业中的三个部门：其中，正常人代表着公司决策的管理层，哑人即公司的执行管理层，而盲人代表的就是一线的业务人员。其含义就是作为一线业务人员在没有得到相关领导的引导或者指令下根本不具备独立的工作能力，可以说他们是最无辜的。同样作为执行管理层在没有得到公司决策者的指令时同样不作为，虽然他们可能会尝试与决策管理层进行沟通，但是若决策者上心于自己的解题任务，对于哑人的沟通有可能是不屑一顾的。从这个故事中我们不难看出若想无障碍执行必须要求指令沟通到位。

信息时代的日益发展，市场竞争的加速是沟通能力的更重要的表现。有效沟通是管理者必备的一种高尚品质，也是敬业精神和崇高职业道德的一种表现形式。正如美国保德信人寿保险公司总裁 Robert Becky 所说的："良好的沟通能力是构成事业基础的一个要项。能简明、有效的交代自己的思想，又能清楚地了解别人的用意，就能拥有最好的机会。"

要做到指令沟通到位，应注意以下两点：第一，沟通语气要恰当。下达指令应该让下属感受到责任重大，给其一定的危机感，提高其做事情的认真程度，同时，在表达中尽量不要太过严厉，考虑到下属心态，激励下属、鼓励下属，让其感受到自己身后有后盾支持。第二，下达指令的全面性。指令沟通并非简单地告诉下属他们要完成的工作，应该包括任务的标准、目的、责任和奖励措施，这样有助于下属更加积极地去完成工作。

沟通能把愿景融入员工内心

如果说我们能够抛开那些功利性很强的经济学而单纯地站在管理学的角度去看待现代社会中的企业，就会很容易发现，人的存在哲学和一个企业的存在哲学是能够统一协同来讲的。人生哲学无非就是在无法摆脱的"存在价值""存在目标""如何能够活得更有意义"等方面；企业也是如此，"愿景"就是告诉我们"企业是什么""企业将做成什么样子"，愿景更是对企业未来发展的一种期望和描述。在企业中，一个好的愿景能够激人们发自内心的感召力量，更能够激起人们强大的凝聚力和向心力。然而如何把愿景融入员工内心，沟通便成为关键。

在企业管理过程中员工是主体，换言之“人是公司最宝贵的财富”，原因在于企业所产生的真正价值是由企业最基层的员工来创造实现的，而作为管理者的任务就是能够让员工快乐的工作，需要给予员工前进的动力，给他们期望，给他们愿景，让他们觉得自己是在为了某一明确的目的去工作、去奋斗。也唯有清晰地将企业的愿景通过良好的沟通呈现出来，员工、社会、投资者以及合作伙伴才能对企业有更为深刻的认识。

也正因为如此，团队管理中管理者应该注重沟通手法的运用，通过沟通能够把管理者自身的东西传达给员工，把思想理念和愿景分享给我们的员工，让员工在工作时富有激情。

分享两个小故事，“驴推磨”和“母鸡下蛋”的故事，如何让驴推磨、让母鸡勤快下蛋看起来应该是农夫的事情，但是对于企业管理，其理同也。

主人要想让驴去推磨，通常会采用如下几种方式，一则鞭笞的方式，二则蒙上驴的眼睛牵它推磨，三则在驴的头顶挂根胡萝卜。以此三种方式放在日常管理中，对待基层员工的方式也大抵有类似三种：制度惩罚也许看起来行之有效，用欺骗和愚民的手法或许也尚可获得效果，然而这些并未顺其本意，那么什么是你公司的那根“胡萝卜”？

母鸡下蛋的故事是说到了冬日因日照时间缩短，母鸡往往产卵数量减少。这个时候主人在鸡舍里挂几盏白炽灯，这样一来，鸡的垂体因为受光和热量的作用会分泌激素促进下蛋，母鸡也就和夏天一样开始勤快下蛋了。这则故事给我们的思考是，管理者平时在和员工沟通的过程中，有没有把你的热量和激情散发出来，传递给自己的员工，去影响他们，使之同样富有激情？

一个高效完善的企业都是能够高瞻远瞩的，需要不断地去审视它们自身存在是为了什么、去了解自身存在的价值是什么，当然它们更感兴趣的是如何能够更好地去存在。在公司管理中奖惩制度普遍存在，把员工工资减半他肯定怒火万丈，但即便工资加倍，也不会在一时之间变得更加称职、创造出更为突出的业绩。那么舍弃金钱激励的方法改用什么更为奏效呢？心理学研究证明：每个员工内心都有一种把工作做好的欲望，那就要求管理者更好地挖掘员工的内在动力。让员工对自己的工作有充分的发言权，更应该要求管理层尊重员工，最重要的是做好工作，得到管理者的充分肯定。

身为韩国某大型公司的一名普通清洁工，常理来讲一定是一个最被人忽视、最被人瞧不起的角色，但就是这样的一个人，却能够在某天晚上公司的保险箱被窃时，挺身而出与小偷进行殊死搏斗。

然而事后，有人为他请功并询问起他的动机时，他的回答却出人意料。他说：当公司总经理从他身边经过时，总是会不时地赞美他“你扫的地真干净”。就这么一句简简单单的赞美与肯定，使这个员工受到了感动，并“以身相许”。

就公司间上下层之间的沟通而言，不少的公司还有很长的路要走。一家电子配件公司，自然不乏一些对公司充满热情的员工，他们身处基层，是处理业务的一线，对公司管理中所出现的问题自然也就体会最深。但是，由于管理层与员工之间缺乏有效的沟通渠道，员工对公司发展的建议或意见，不是在上下层间传递过程中变形走样，就是被某个环节所扼杀，从而也便不了了之。长此以往，不少员工自然会感觉到郁郁不得志，另择良主，去探寻能更好地展示才华的舞台，即便留下来却无力于现状的员工，也开始逐渐地习惯于那些企业原有的管理模式，对公司出现的一些问题也就不再那么热心，逐步形成了“各人自扫门前雪”的不良局面。

相对于上面的韩国公司，这家电子配件公司虽说是稳健有余却已是创新不足，在当今激烈的市场竞争大潮中，要么故步自封、裹足不前，更有甚者会被吞噬而彻底消失。

事实上，在当下企业的老总们并不是不重视企业发展愿景是否深入人心，而是他们觉得在这样庞大的系统工程之中，无从下手之惑油然而生。这就需要建立起一种更开放和更民主的上下沟通渠道，从而在组织中形成上下一致的组织沟通文化。而作为企业主体的“人”具有自然和社会的双重属性，在现实的社会生活里，人们满足于物质需求的同时还要满足自己的精神需求。

每个人都会要求得到别人的尊重，以及社会对自身的认可和自我价值的实现。要想成为一名优秀的管理者，通过有效的沟通去影响甚至改变职员对工作、生活的态度是一个必不可少的能力。转变员工视工作为负担的思想，用适当的方法去促使工作三心二意的员工对工作投入，使之在工作中能够积极主动，表现出超群的自发性和无限的创造性。

竞争力提升离不开良好沟通

随着信息化时代的到来，市场竞争愈演愈烈，迫使企业的内部环境也在发生着翻天覆地的变化，现代企业要想在激烈的竞争环境下得以生存和发展，必须使自身条件变得更加强大。然而在企业规模日益扩大的同时，企业自身内部结构也会随之变得更加复杂，这也就造成了企业与企业员工之间关系的复杂化，要想使这些问题得到良好的解决，沟通是必不可少的。

在未来的企业竞争中，竞争的焦点是管理，而管理上的竞争主要集中在企业内部组织成员之间和与外界关系的有效沟通上。有效的沟通能够使企业管理变得日益顺畅，只有通过有效的沟通才能给企业注入新的活力，为企业强劲的竞争力提供优越的条件。也正是通过有效的沟通，才能使企业的各种资源得到一种合理化的配置和利用，以此来实现企业目标和企业利益，全面增强企业的核心竞争力。

著名的联想集团在步入20世纪90年代以后，进入了一个迅猛发展的高速增长期。据当时公司的一份报告显示，1994—1998年短短几年间，它的销售额年均增长率高达43%。作为联想集团常务副总裁的李勤说："高速增长的业务对于联想的内部管理能力的确是一个严峻的考验。它所产生的惊人效益是在公司管理严重滞后的情况下取得的，应该说优异业绩更多的是来自于'毛巾里拧水'的不正常运作管理，而不是企业的信息化管理能力。"1997年，联想集团中国内地与香港两大公司整合，由此相应的一系列信息通道、业务流程、报告渠道都作出了大幅度的调整，由此便对联想集团的信息系统提出了更高的要求。原有的信息系统根本无法满足业务日益增长的需求，联想集团的经营及决策被滞后的管理信息系统拖后腿的风险越来越大。

据了解，当时联想每个月的25号是结账日，由于北京、深圳、香港都有联想集团的子公司，还有一些海外机构。不集成的信息系统，财务账目整合也随之变得日益困难，一般需要30～35天，最短也要20天左右，每次最高决策层看到的"最新数字"实际上也是一个月前的，企业的应变能力因为内部信息沟通的困难而大受影响。

国外考察归来的李勤，深感国外企业在内部管理信息化上的先进性，也接触到了企业资源计划系统，立志在联想集团内部建成该系统。功夫不负有心人，两年后，联想集团终于建成了内部管理高度信息化的资源计划系统。集团在信息沟通效率上获得了巨大的提高，现在只需要不到一周的时间就可以完成财务账目整合，而原来却需要一个月，而且准确性也得到了大大提高，这就使得原来极其庞大的财务部门一下子减小了许多。

通过联想集团的例子，企业信息化给企业带来的效率的提高是巨大的，信息的沟通与企业竞争力的提升息息相关。

一个企业是否具有强劲的竞争力，能否把职工凝聚在一起是关键，群策群力，水乳交融。如果员工没有从内心深处融入公司这个大集体，无法受到重视，甚至有备受冷落的感觉，找不到“家”的感觉，缺乏对公司的归属感，便会存在大局观念不强，以自我为中心，全心全意地为企业作贡献也就成了空话，无法让自身的能量尽可能释放，甚至有员工会挖企业的墙角。

目前社会，企业之间的竞争已经逐渐演化成为管理上的竞争，而管理的关键之处在于如何处理好企业内部的各种关系和内部组织成员之间及外部组织结构的沟通。只有通过有效的沟通，企业才能够使得组织内部的合作时刻保持着一种协调一致的状态，进而能够使得整个组织保持和谐。任何企业都能够依据它们自身的现状，以一种合情合理的组织结构和良好的沟通方式作为基础，不断地去完善自身内部沟通的制度，并且营造出一种良好的沟通环境。这样一来，就会为企业的员工提供出一个良好的沟通平台，使得他们能够在保证自身利益的前提之下，充分全面地发挥出自身的潜力，如此更好地为企业的发展去贡献自己的力量。

沟通是企业管理过程中必不可少的，它可以把公司的每个成员紧密地联系在一起，调动公司上下员工对工作的热情和积极性，使员工的工作效率能够有所提高，为实现企业共同的利益、目标去拼搏奋斗。使企业的资源可以得到合理化利用、发展目标可以取得最佳效果。能够使员工深切感受到组织的尊重、重视和关心，也就会因此增强对工作的责任感。

国内某大型公司的两个营销子公司，在同样的大制度管理下，两个领导者却得到了不同的收益。总公司调查发现，效益差的公司虽然也是按照公司章程运营，职工却缺少对工作的积极性和主动性，而问题则源于管理层除了日常会议很少与员工沟通。而另一子公司管理层重视公司内部沟通，通过营造一些适合某个岗位的工作环境、一些常人容易忽视的关注或者在处理一些事务上适当授权等，点点滴滴透出公司的人性化，让职工倍感组织的温暖和关心，如此一来，整个团体同心合作，各施所长，互补不足，企业才有新鲜的活力，所从事的事业才会蒸蒸日上。

综上所述，可以说企业的管理是门需要潜心研究的科学，但它更是一门艺术，人力资源的管理就是一种管理人的艺术，可以运用最为科学的手段，更具灵活性的制度去充分调动起人对事、对物的情感与积极性的一种艺术。无论企业经营什么项目，怎样的运行模式，规模是大是小，它的发展都离不开人的创造力和积极性。

企业一定要重视对员工进行有效的激励，通过企业内部的有效沟通，把激励的手段和企业愿景结合起来，改变思维模式，建立内外畅通的联系网络，真正建立起适应自己企业特色、时代特点和员工所需求的沟通机制，使企业在激烈的市场竞争中立于不败之地。

每个员工都应学会好的沟通

俗话说："如果以一个百分比来诠释一个人的成功，那么会有20%的专业知识，40%的人际关系，而另外的40%则需要观察力的帮助。"故而要想取得事业的成功，提升自身的竞争力，有效的沟通方式和技巧的运用成为关键，它们可以使自己随时有效地与"人"接触沟通。管理者更应不断地通过培训等方式提高员工的沟通能力，继而使员工成为一个极富竞争力的人，使得员工全身心投入到工作中来，成为企业的得力干将，促使每个员工有能力把最好的想法拿出来，并与其他人交流，把自己比作海绵，吸收并改进每一个好点子。

作为一个尽职尽责、"把职业当事业"的员工，必须认识到沟通的重要性，学会沟通，"客户是上帝"，对于员工来说沟通是开展工作的有效方法，和客户沟通尤其重要，它直接关系到整个企业的声誉和发展。一次良好的沟通会提升自己的业绩，提高企业效益，反之则可能失去的不只是一个客户，或许会给企业带去更大的损失。这就要求员工应该使沟通为自己事业的成功发挥作用，在和客户沟通中，要全面了解他们的经营发展情况，掌握客户的需求，征求他们对自己工作的意见和建议，获得客户对自己本职工作的支持和理解。对客户做到热情接待、真诚服务、回答咨询、解决困难、认真办理，与之保持和谐融洽的业务关系。

在国内某一著名的咖啡馆里，有一位顾客高指着面前的杯子，满脸寒霜地对服务员说道："你自己看！你们的牛奶是不是过期了，把我一杯上好的红茶都给糟蹋了！"

服务员生气地走到顾客面前说："您已经在杯子里放了柠檬，又加了牛奶，两者放在一起自然会出现牛奶结块的现象，这点常识都没有。”说完服务员转头走掉了。顾客听了服务员的话，变得更生气了，他将红茶直接倒在桌子上走掉了。

站在一旁的经理看到了事情的经过，将那位服务员叫到办公室，说道：“客户是上帝，你不应该这么跟顾客说话。”“错在顾客身上，我没错。”服务员生硬地回答道。

“顾客是错了，但是你有什么资格来教训顾客呢?”经理也变得严肃起来。不看脸色的服务员继续狡辩道：“他错了就是错了，我只是说出来，又没有教训他，是他听了我的话感觉太丢人了，所以才生气走掉的。”

经理看到这名服务员根本没有意识到自己的过错，本来他对这名服务员印象很好，还想过提升她为领班呢，这件事情让经理感觉到这名员工根本不符合自己的要求。

沟通与信任本身就是一种美德。与同事之间的相处，信任是必要的，同事之间应该经常交流，和睦相处、相互关心和爱护，更要多一分支持和帮助，互相建立起良好的友谊。在工作中，团队成员之间相互议论、猜疑、结怨和仇视都会使得团队的竞争力大打折扣，如果彼此之间你争我抢，钩心斗角，那么结果一定是把团体搞垮，同时也会使个人的成长进步受到影响。

谈心、交流、各自多做自我批评是与同事发生矛盾时最好的解决方式。当同事做出比自己更加优异的成绩时，应该彼此鼓励，懂得去赞许他人，并与他分享成功的欢乐，切忌不屑一顾，甚至嫉妒。当同事遇到困难时，要有共渡难关的想法，袖手旁观和不屑一顾只会让自己处在孤立状态。

小马是一位有着很多年网络通信编程经验的新任设计师，他非常了解公司新上的程序是如何工作的，但是对于他来说在设计层面自己依旧只是一个新手。而对于负责该部分开发的小可来说，虽然小可能够读懂部分类图和协作图，但是确实无法真正去理解为什么要划分类别，对于划分类别的依据更是一无所知，如此一般的不解还有许多。对于工作程序员小可是非常主动的，每次当他不明白设计模型的时候他就会直接去询问小马，但是小马却想当然地认为自己已经把这些模型描述得足够清楚了，他经常说“就这样工作的，没问题”。

小可经常性的询问有时会打断小马的手头工作，由于本身任务很烦琐，时间也很紧张，小马不自觉地对小可产生了反感。久而久之小可感受到了这种“厌烦”，遇到问题也就不再好意思去主动询问小马了，于是他只能按照自己的想法去编程。一周后，小马在代码走查时惊奇地发现，小可居然并没有以正确的方法实现该调度算法。小马非常恼怒，而小可也只能解释说自己可能当时并没有弄的太明白，很多地方有可能是误解了。如此一来公司的损失也就在所难免了。

事后我们不妨思考，问题究竟是出在了哪里？

在现实的生活中，每个人的性格和表达方式都存在着一定的差异，“没有两片叶子是一模一样的”，人更是如此。有的内向、有的开朗，有的善谈、有的善听，也因此沟通方式就变得不拘一格，这就要求我们因人而异。客观地讲，对于个人、企业和社会来说，是否有利于问题的解决，是否对个人、企业和社会有益是评价有效沟通的标准。

在我们进行沟通的过程中，有时会出现一些局部的冲突，而解决冲突的关键一定是换位思考，站在对方的角度去思考问题，更容易让感情产生共鸣，使问题迎刃而解。所以，工作的关键环节便是提升个人的沟通艺术，运作好人际关系，良好的沟通能力正在成为企业对员工的一个新的、更高的要求。

点睛结语：

沟通是一门艺术，在沟通之前应该明确自己想要的沟通结果。带着美好的沟通愿望，和下属或者是他人进行更为详尽的沟通。在交流过程中，要理解什么是指令沟通、有效沟通，只有这样才能够让你们的交流达到更好的效果。同样，与下属沟通需要注意员工们的心理夙愿，从员工内心出发，这样才能够提升员工工作效率和企业的竞争力。有效沟通能够促使管理更加科学化，也能够促使员工工作更加有动力。

第二章

明确的指向

——要带着目标去沟通

选择能让客户说“是”的话题

“沟通”被称为时下最热门的词汇之一，无论是在百度还是谷歌，随手输入“沟通”两个字，搜索出的相关网页超过两千万。然而，我们日常生活中常见的营销沟通表现出的是，颇费心思地与客户“沟”了许久，却根本不“通”。如果像广告诉求一般：沟通从心开始，以一种“不通的沟心”的效果让销售人员接受，也难怪他们经常说自己每天身处于“痛并快乐着”的工作中。可以说沟通与说服无处不在，就如自然中存在的空气一般，可以交流的个体之间最普遍的存在便是“沟通”，如果在沟通中能够使得对方感觉到良好舒服，那么你想得到的那个结果也就会更加容易去达成。

在营销过程中，营销人员总是会被一些突如其来的问题打乱阵脚，败下阵来，有的甚至一开口还未进入正题就被客户严词拒绝。其实，只要营销人员能够牢记自己的目的，预先能够填补住可能造成麻烦的漏洞，运用沟通技巧创造出一种安全的营销气氛，主导整个销售过程，那么你推销取得成功的概率就会大大提高。据世界著名推销员原一平介绍，在推销商品的过程中，如果你能让客户持续说“是”，那么你的推销就很可能取得成功，也就是说如果你能找到让客户说“是”的话题，有使客户认同自己的观点，那么订单的成交也许可以变得更容易。

作为世界著名保险推销员的原一平在推销保险时，为了营造良好的沟通氛围，他喜欢向客户问一些主观答“是”的问题。逐渐地他发现这种方法的确有效，他先问过客户五六个问题，并且客户都回答“是”，之后继续探讨关于保险的相关事宜，客户仍然会点头，这个惯性一直保持到保单成交。

通过在学习心理学上所谓的“惯性”这一个课题后，使得原一平终于了解到了其中的奥秘，原来这都是一种被称为“惯性化”的心理使然。于是他急忙请了心理学方面的专家为自己设计出一连串的问题，每一个问题都可以主观使客户回答“是”。正是利用这种方法，原一平获得了很多大额保单。

顺利得到了客户的第一句“是”，对于这句话的本身，虽然并不具有太大的意义，但对于整个销售过程却是关键。如果对方真的拒绝，那并不单单只是口头上的一句“不”，这说明对方所有的生理机能都会进入一种拒绝的状态。一句“是”会使整个事情的状况为之改观。也正是为此，优秀的代理人明白，“如何不使对方拒绝”是自己工作的关键。

众所周知，沟通对于营销非常重要，作为一个营销人员，你的产品知识如果并不完善，甚至一无所知，也都有可能获得从业的机会，但沟通能力欠缺，得到的将会是机会将你拒之门外。希望双方能够达到合作是营销者去沟通的目的，俗话说得好：“你所能帮助到的人的数量也就是你能管理的人的数量，你能沟通的人的数量，就是你营销的人的数量。”很多从事销售的朋友都会感觉很多时候想要引起客户对自己、对自己的产品的兴趣，不是单单对自己的产品了解充分就可以的，还常常需要与客户进行一些推销服务之外的沟通。那么具体跟客户聊些什么就变得更加重要，以绝佳的口才加上选对了的聊天的话题，一般都会取得客户对自己良好的印象，进而也就有可能会对自己的产品感兴趣。但如果推销员只是能侃，或者仅仅只是很敬业，即便是在客户面前，从公司的历史、组织架构，到公司各种产品的不同系列、功能等全部背遍，客户也不会有所动容，甚至都不会有耐心听完。

雷克汉姆，也就是著名畅销书《SPIN销售巨人》的作者，在很长的一段时间受到了 IBM 的委托，去考察 IBM 在中国地区的销售情况。他历经辛苦，经过了为期6个多月的考察最终得到的结论是：从营销人员第一次去会见自己的客户到他们达成合作，最后签约有一个平均周期，这个平均周期为27周，在这27周中有38.4小时是与客户的会面时间，其中与工作有关的正式话题为3.9小时，仅占总时长的10.2%，包括关于产品的技术、应用、性能等。剩下的都是非正式话题，就是闲聊的内容，有八卦新闻、轶闻趣事等。

由此可见，销售人员能说、会说，并不代表要多说，更重要的是知道如何选择让客户感兴趣，且更加合适的话题去与客户交流，心门打开，接下来的工作必然就会事半功倍了。

选择让客户认同的话题，日益成为营销界共同探讨的问题，成交技巧也就因人而异。一般来讲，常用方法有以下几种：一是，几乎没有人能够拒绝别人的赞美，这是人类的一种特性，抓住这一特性，用赞美的语言是促进成交的基本技巧之一；二是，根据实际情况灵活运用“是”的逼近法，一连串引导客户回答“是”的问题，从而促成顾客下定决心去购买；三是，当客户处于一种犹豫不决的状态时，运用沟通技巧，如语言分贝的表述，突出现在购买的利益所在，这也就是所谓的“利弊权衡分析法”；四是，适时告知客户如不抓紧时机就会失去良好的机会和利益，如“这是我们优惠的最后一个月，如果您准备下个月再决定购买，恐怕就不能享受优惠了”，这是“时过境迁法”。

总而言之，一个成功的销售人员或者是工作人员，往往是一个能够改变客户否定思想的人，他们能通过自己的语言，让原本对自己公司的产品或者是服务持否定态度的客户，彻底改变态度，从而接受自己、接受自己的产品，这就是有效沟通的力量。

尊重与认同寻求双方的同步

在现实生活的沟通中，彼此的尊重和认同不仅可以认为是一种沟通技巧，可以直达人的内心深处，亦可以被视为沟通的动机之一。如此一来，外在技巧与内在动机就获得了完美结合。尊重与认同需要双方观点的同步，可以说相互沟通关系开始跨出的第一步都是同步。所尊重的对象和认同的目的换言之就是达到同步，如此便形成了一个奇妙的循环：同步，认同，同步。

同步是顺利实现沟通的第一步，可以说同步是沟通双方之间为了达到共同目标所采取的相互呼应、步调一致的一种态度。沟通的同步也就意味着双方沟通在这种同步下会越来越顺利，这也就像一个已经练成了好脚法的球员更容易进球一样。当沟通的双方都能换位思考，能够站在对方的角度看问题时，就形成基本同步了。于是，彼此之间都会寻找共同点，久而久之各种共同点都综合了起来，沟通的可行性也就更大了。所以说，寻求同步是沟通的必要条件。

现代社会生活紧张，人的心理都承担着巨大的生活压力，竞争的日益激烈，人际关系复杂多变，社会也充斥着许多不公正、不合理的现象，这就产生了一系列沟通上的问题，导致恶言相向。有些人借议论和责骂别人去表达自己对他人的不满，但这种态度根本解决不了任何问题，还有可能使事情变得更糟。常言道："良言一句三冬暖，恶语伤人六月寒。"对他人言语上的不尊重是一种不健康的心理与人格的表现，不仅会损害别人，也会危及自己，损害到自己的形象和利益。可见，善于表达与交流的起码要求和首要准则，就是应该有良好的态度和意图。

某公司的部门经理大发雷霆，原因是他得到的报告上有一个错别字，下属把“Believe”写成了“Beleive”。

这位经理在日常工作中是出名的精明能干，他的眼里怎么能容得下报告中出现拼写错误，写错字的工程师被他叫了去。

部门经理的声音回荡在整个走廊中：“你这个白痴、混蛋，这么低级的错误都会犯，你到底有没有读过书？字母‘e’怎么可能在‘i’的前面，麻烦你长点脑子记住，‘i’永远在‘e’的前面。”

没过几天，部门经理又发现了报告上的拼写错误，而且出自一人之手。这一次把“Boeing”写成了“Boieng”。

这次，经理被彻底激怒了，他叫来了那个“屡教不改”的工程师，咆哮道：“你的耳朵长在脚上了吗？同样的错误犯两次？”

“你不是说，‘i’永远在‘e’之前吗？”工程师很平静地回答。部门经理顿时无言以对。

如果他当时用心平气和的态度而不那么气愤，可能就是另一种结果了。

尊重他人是一切沟通的前提，不论你的身份如何，是经理还是员工，都要尊重和学会认同他人，沟通作为人际交往中一个重要的部分，其效果不仅能够影响自己，也会影响到整个部门的业绩。人际关系上矛盾的产生的原因，大多数都源于“沟通不畅”。

无论是在企业的管理中还是在日常的生产生活中，少不了的就是对他人的不满，由此也就会产生相应的批评和责怪。然而，批评并不等于责骂，重要的是使对方心服口服，重新拾起工作责任感。先“礼”后“兵”同样可以运用在企业管理中。问题是无处不在的，当员工没有按时完成工作任务，或者完成质量不高时，所谓的“礼”就是应该以理服人，倾听他人理由，如果对方确有“正当理由”，就可以避免管理者的“错误的批评”。对方理由不正当，坦诚揭示他的理由的荒谬也能够让他自觉低头，心服口服。

一位乘客在飞机起飞之前就请求机舱内的空姐给他取一杯水来吃药。因为飞机马上起飞，空姐考虑到乘客的安全问题而拒绝，非常礼貌地告诉他等到飞机进入平稳的飞行状态之后，便会立刻把水送来，希望乘客能够稍等片刻。然而在20分钟之后，飞机早就已经进入了平稳飞行的状态，服务铃急促的响声使粗心的空姐猛然间意识到忘记倒水给那位乘客。

空姐慌忙把水送到那位乘客面前，小心翼翼地道歉，但是任凭空姐如何解释，乘客都不肯原谅她的疏忽。

理所当然在接下来的飞行途中，空姐尽量弥补自己服务的过失，然而，那位乘客却一直摆出一副极度不合作的样子。

就在到达目的地前，乘客要求空姐把留言本给他送过去。所有人都会认为他要投诉这名空姐。等到飞机安全降落，空姐打开留言本，却惊奇地发现，那位乘客在本子上写下的并不是对空姐的投诉，而是一封热情洋溢的表扬信：“在整个飞行过程中，您表现出了真诚的歉意，特别是你面部一直的微笑，深深打动了我，使我最终决定将投诉信改成表扬信。如果有机会，我还会乘坐你们这趟航班。”

使对方感受到你的真挚与诚恳，尊重和认同他人以寻求双方的同步，是一种成功的沟通艺术。

要想实现沟通就必须要先寻求同步，那是因为若是沟通的双方都能够站在对方的角度去分析问题，去寻找彼此间的共同点，并且把各种共同之处综合起来，那么沟通的可行性也就随之变大了。

彼此之间的认同既可以说是一种可以直达对方心灵的沟通技巧，同时也可以称作是沟通的动机之一。同步就是产生沟通所迈出的第一步，它可以有效地促使沟通双方之间快速地形成一种为了达到某个共同目标时所采取的步调一致的态度。简而言之，就是沟通的同步就意味着沟通能够在这种同步的催化下走向顺利。

化解拒绝并提出成交有讲究

在营销过程中，客户对营销者销售的产品直接产生兴趣的情况是不常见的，推销大王乔·吉拉德曾经这样说过："客户拒绝并不可怕，可怕的是客户不对你和你的产品发表任何意见，只把你一个人晾在一边。所以我一向欢迎潜在客户对我频频刁难，只要他们开口说话，我就有办法找到成交的机会。"由此可见，被客户拒绝并非是一件坏事。

当营销者第一次接近客户时，如果一直滔滔不绝地与客户谈论产品与销售的话题，往往会引起客户的抵触心理，产生反感，也就是会造成沟通上的不畅，从而导致订单失败。如果销售员能以客户感兴趣的话题来开始沟通，则可以有一个更为活跃的谈话气氛，令客户感觉更加的舒适，如找到知音一般产生亲近的感觉，这时切入正题再谈销售的事情就相对容易了。由此可见沟通是需要技巧的，沟通的方式是十分重要的。

据说，有三个人去寺院推销梳子给和尚。第一个人勤勤恳恳翻山越岭地跑了三座寺院，备受冷眼，甚至受到和尚无数次的臭骂和追打，依旧不屈不挠，终于使一个小和尚感动了，买了一把梳子。第二个人则是去了一座名山古寺，他仔细观察后发现由于山高风大，把前来供奉的善男信女的头发都吹乱了。于是第二个人对寺院的住持说："前来叩拜的人蓬头垢面那就是对佛祖的大不敬，如果能在每座香案前放上一把方便善男信女梳头的木梳，这样比较好。"住持认为有理，于是买下10把梳子放在寺庙的10座香案上。第三个人则去了一座颇负盛名、香火极旺的深山宝刹，找到方丈说：“凡前来进香的人，多有一颗对佛祖虔诚之心，宝刹应该有所回赠，以保佑他们平安吉祥，也能随时警醒和鼓励他们多行善事。我精心制作了一批梳子，同时还听人说起过您的书法超群，不妨在木梳上写上‘积善梳’这三个字，作为赠品赠予他们。”方丈听罢自然大喜，便立刻买下了1000把梳子。

三个销售人员，第一个直接去给没有头发的和尚推销，必然遭到和尚的打骂，第二个和尚观察到了寺院的需求点，所以得到了认可，而第三个人在沟通中通过赞美等技巧达到了自己订单的成功。另外三个销售人员所选择的三个寺院规模的不同，也使他们的订单量有所差距。

应该说客户拒绝销售是一种完全正常的反应，不少久经考验的销售员表示自己已经将客户的拒绝看做是家常便饭了。实际上，客户所提出的一些拒绝的背后必然会隐藏着形形色色的原因。在这些原因中，自然存在着某些人，他可能对推销活动的本身就有着一种抵触心理，所以自然而然地对销售员存在着一种防范心理；还有一些人可能会对某些产品或服务存在着偏见；也或许某些人可能在过去有着一些不愉快的购买经历，进而偏执地认为所有的营销都不可靠。面对这些可能存在的原因，销售员需要通过各种可能的途径去了解客户不愿意购买的原因何在，找出适宜的解决方法，与客户建立良好的沟通关系，这些是能够促成交易的关键所在。销售人员在面对客户的拒绝时，有一个成功处理拒绝的公式：赞美认同+反问+回答。

客户：我不会让小李去参加你们的这个培训班的。

销售员：其实我遇到过很多像您一样比较爱护下属的经理，在开始时，他们跟您的想法一样（认同），请问您为什么会有这样的想法？（反问）

客户：你怎么能让我相信通过你们的培训，我的下属能够在技能上有一定提升呢？

销售员：您的疑虑我十分理解，但保障学员技能提升正是我们办这个培训班的宗旨，况且我们这次是特意从外部聘请实战型的培训师（回答）。

在沟通过程中，在面对客户拒绝时，千万不要急于反应，更无须争辩，因为争辩是失去客户最大的原因。销售员也可以事先对客户进行调查，充分了解其兴趣爱好，找到客户的兴趣点。所谓的兴趣点是指对方持久关注的或熟悉的事物。在营销的过程中，当营销员发现原有的话题根本无法与客户建立起顺畅的沟通，不能顺利的介绍产品时，就应该及时调整好策略，瞄准客户感兴趣的事物，并且以此作为沟通的切入点，顺利使客户打开心扉。

大学教授张先生，他是一位极具威望的动物学专家，有一名推销保险的销售员想要销售保险给他。一经沟通他发现，张先生真是一位“顽固”的先生。

张先生对以前的保险代理人并不是很满意，因为他认为代理人并未向自己提出完善的保险计划。所以见面后，张先生问了这位推销员很多技术性问题，销售员深感张先生问问题的目的并不在于他想要知道答案，而更像是考查他的知识。推销员屡次想把谈话引入正题，但张先生毫不留情，根本不给他机会。当销售员自己都感觉这是在浪费时间，对这次成交不抱希望准备告辞时，张先生接的一个电话给了他转机，销售员听到张先生下学期将会增设一门关于树袋熊的课程。

电话结束后，他抛开订单和张先生谈起了树袋熊。一会儿的时间，销售员感到两个人之间的距离拉近了。销售员不断向张先生请教树袋熊的问题，张先生的态度也彻底改变了，他不再提问那些保险上的技术问题，而是对销售员所提出的关于树袋熊的提问给予详尽的回答，两个人也越谈越开心。那天，销售员从张先生那里得知了许多以前未曾听说过的有关树袋熊的专业知识，更重要的是他还收获了一张保单。

这个例子中，销售员在销售即将以失败告终的关键时候发现了客户的爱好——树袋熊，于是，刻意把话题从保险转移到客户张先生所擅长的动物学领域，这样一来，沟通自然顺畅，交谈氛围也随之变得融洽起来，张先生也逐渐对销售员产生了信赖感。由此，成交不再是一件难事了。可以说，销售员的这张保单是树袋熊给予他的。

一名聪明的营销人员在面对客户拒绝的时候绝对是不会马上放弃的，因为他们明白，最初客户的拒绝并不意味着自己的产品或服务无法达到客户的要求。而是会再接再厉，争取在细节中能够找到与客户沟通的突破口，争取能够达成合作。简单的选择放弃，是注定与订单失之交臂的。

销售员在谈论话题时要分清场合并找准时机，时刻关注着客户的表情，当发觉客户感到厌烦时，要马上停止交谈，找到能与客户继续沟通的兴趣点，发现所推销的产品特征符合了客户所提出的某些产品要求时，尽快表明自己产品的这些优势。如果能让客户认为产品的某些劣势是微不足道的，那你的推销也即将接近成功了。

辞别得体给下次会面留机会

古人讲得好："买卖不成仁义在。"在尽到了最大的努力之后仍然落空，这在生意场上是常有的事，如果有幸销售成功，自然更应该讲究辞别的礼节，免得给客户留下不好的印象。

在销售的过程中，即便是遭遇到了客户毫不留情的"闭门羹"，如果销售员能够应对得当，同样也可以重拾客户的购买热情，就算这次的生意并没有谈成，但如果能够通过积极热情的态度给客户留下一个良好的印象，那也算是一种成功了。因为通过与客户此次“并不完美”的沟通，至少能为今后的销售活动积累更为丰富的经验，同时也增进了彼此的感情，为能够赢得下一次的交谈成功播下了种子，更是为以后能够实现成交奠定了良好的基础。

即便是在被客户严词拒绝继而辞别客户之时，销售员也要保持必要的礼貌和风度，依旧保持和蔼的表情，不要翻脸，并且真诚地向对方道歉并致谢。应该以积极的态度看待客户的拒绝，即使心中感到万分沮丧也不应该在表情上有所流露，更不能够言行无礼。因为对方不仅不会同情你垂头丧气的样子，还会使其对你产生反感。若是表面上你依旧开朗自若，再说上几句恭维对方的话，如此一来，至少那种不气馁的态度也会给对方留下深刻的印象。

而当与客户达成合作的时候更是不能在客户面前失了礼仪，虽然合同签了、订单到手，对于生意就已经是受到了法律的保护，但是这并不是生意上的“终点”，至多算是以优异成绩完成了生意中的一次小测验，“过河拆桥”是营销者的大忌，不能因为达成合作就疏忽了礼仪，一个好的印象，也会成为下次合作的敲门砖。

小周是华语软件公司的业务员，小欢是万利软件公司的推销员，两家软件公司的实力相当，在同一家大型公司推销自己公司研发的软件，同样遭到拒绝，却只有小周在不久后得到了该公司的订单。

情景一：

小欢：“您好！我是万利软件公司的销售员小欢，几天前我们是通过电话的，今天我是想专程来贵公司为您介绍一下我们的产品。”

客户：“我们在软件方面早就有了固定的合作伙伴，而且他们所提供的的产品也令我们很满意。与现有供货商已经合作多年，各种合作事宜也都比较顺畅，我们目前的确不缺供货商，况且暂时也并没有更换供货商的打算。我们就不用对您的产品多做了解了，您不用多说了。”

虽然客户很难商洽，但是小欢还是凭借自己的实力取得了订单。

被成功喜悦冲昏头脑的小欢，临走前却不像开始那般懂得礼仪，当接到其他客户电话时，她便扬长而去。几天后，因为客户种种刁难，生意最终没有达成。正是因为小欢的过度自我膨胀，而导致了合作的失败，也影响了公司的对外形象。

情景二：

小周：“您好！我是华语软件公司的销售员小周，前些天我们是通过电话的，今天我是想专程来贵公司为您介绍一下我们的产品。”

客户：“我们在软件方面早就有了固定的合作伙伴，而且他们所提供的的产品也令我们很满意。与现有供货商已经合作多年，各种合作事宜也都比较顺畅，我们目前的确不缺供货商，况且暂时也并没有更换供货商的打算。我们就不用对您的产品多做了解了，您不用多说了。”

小周：“其实您说的情况我们已经都做了详细了解，贵公司在业界的影响力一直都非常大，供货商也很多。您不买我们的产品没有关系，我只是希望让您能更充分地了解我们公司的产品，我们的软件已经升级，新增很多功能。我想您一定也愿意在订购产品时能有更为广泛的选择空间，看到能够给您带来更高收益的产品。这是我专门为贵公司做的建议书……”

客户：“说得很有道理，我会仔细看的。”

小周：“很抱歉耽误您的宝贵时间，谢谢您能在百忙中抽出时间了解我们的产品。”

两周后，小周就接到了该公司的大宗订单。

客户的需求是客观存在的，但是他依然会寻找各种借口去拒绝你，这是每个销售员在与客户沟通时时常会遇到的情况。中国有一句名言："精诚所至，金石为开。"在这个时候销售员的耐心和诚心就显得尤为重要了。去访问客户，见面时与告别时的客套话是同等重要的，像"真不好意思在您百忙中打扰您这么长时间。""下次拜访时还请您多关照。"这样类似的话，并不是没有用处，它是能够决定一个人对你印象的优劣的。

不论客户对你所提供的产品提出什么样的批评，都应当记住不要与客户发生争执。必要时利用一些老客户的见证或者某些客户的口碑解除对方的抗拒。相信当客户看了一些信息反馈和其他客户的意见后，对你及你的产品的态度会有所改观。

当客户明确表示对你所推销的产品丝毫没有兴趣时，也不应该失望，毕竟你与客户之间有多次接触，即便无法达到目的、获得订单，但是彼此间的好印象，建立了一些交情，便容易让客户说出真正的异议。知道供需之间的差异，确确实实地掌握住了客户真正的想法和需求，便有如"柳暗花明又一村"一般，营销员的处境将会有 180 度的大转变，也会在下次有机会合作的时候让客户更容易坚定地下决心与你合作，订单也将唾手可得。

在达成合作后与客户礼貌道别是大多数销售人员能够做到的，那么如果遭到拒绝后作为销售人员想给客户留下好印象是有一些策略可寻的：一是营销员态度要十分诚恳，并且做出请托状。俗话说"态度决定一切"，好的态度才能赢得对方对你的尊重。二是感谢客户能够抽出时间让你销售。客户能够给自己时间将自己的产品陈述出来，就是给予了自己机会，无论成交与否，都应当对客户表示感激。三是请客户能够坦诚指导，自己销售时有哪些错误。所谓"顾客是上帝"，用顾客喜欢的方式去销售，就离成功更近了一步。四是尽力使客户说出不购买自己产品的真正原因，掌握供需之间的差异，按需求供应。五是了解原因，再度销售。“对症下药”才能“药到病除”，适销对路，最终赢得再次合作的成功。

电话营销前一分钟可定乾坤

在当今社会，电话已经成为了最常用的交流工具之一。电话营销被认为于20世纪80年代出现在经济高速发展的美国，据不完全统计，每天在全世界范围内的电话通话大约会有5亿多个。随着电话、传真等一些通信手段的日益普及，电话营销流程的逐步形成，越来越多的企业开始尝试这种新型的市场营销手法，用来塑造企业形象、树立企业声誉的电话全世界要有几百万个。而电话营销绝不等同于随机所打出的大量电话，单纯依靠碰运气才能推销出几样产品，也许仅仅只是一分钟的准备，也会成为电话营销的关键所在。

研究表明，电话营销的平均费用仅占现场销售的1/10，随着公司业务费用的不断增加，电话营销必将成为公司拓展业务工作的重要手段之一，其经济性是其他销售手段根本无法比拟的。除此之外，增加销售、扩大销售量也是采用电话营销的重要目的之一，它兼具着无界性和快速性的沟通性质。电话的通信速度是任何手段都比不上的，短短几秒钟就能实现跨过千山万水，与任意人实现联系、沟通。在电话营销趋势的推动下，如何能够更好在电话中实现与客户的沟通成为了企业所关注的问题。

在营销的过程中，能够激发起客户兴趣实际上就是挖掘需求，在没有或者丧失兴趣的情况下是没有任何销售机会的，介绍产品也就变得没有任何意义，原因在于客户之所以会对你推销的产品感兴趣，就源自于你的产品能满足他的某种需求，能够成功的引发电话线另一端的潜在客户的足够兴趣，是迈向销售成功的基础阶段。例如，“您对一种已经被相关的专家学者证实，能够在短短的几个月当中就能增加您原有的销售业绩的20%~30%的方法感兴趣吗?”客户之所以愿意掏腰包去购买，这就说明了他已经具备了足够的购买动机。不可否认，能够促成购买行为的原动力就是购买动机。如果你一开场就能将这个原动力开足了马力，自然就不愁与客户开始接下来的一系列谈判之旅。

《高感度行销》是美国百万圆桌协会的终身会员约翰·沙维祺所著的一本畅销书，“最伟大的寿险业务员”是美国牛津大学对他的最高评价。他与美国哥伦比亚大学教授强森先生的营销开场白堪称经典。

约翰·沙维祺说道：“著名的哲学家培根先生曾经对做学问的人有一句妙语，他巧妙地将做学问的人在材料运用上比作三种动物。第一种人他所研究的材料并不来源于外界，而是从自己肚里吐出，就好比蜘蛛，这种人被称作蜘蛛式学问家；第二种人他善于堆积材料，但是根本不会使用，就像一只蚂蚁，这种人就叫做蚂蚁式学问家；而第三种人则是采百花之精华，后精心酿造，就好比蜜蜂，理所当然这种人被称为蜜蜂式学问家。那么教授先生，如果按照培根先生的这种比喻，您觉得您属于哪种类型的学问家呢?”经过这一番谈话，使得对方兴致浓厚，最终不仅谈成了生意，也成为彼此非常要好的朋友。

能够激起对方兴趣的方法数不胜数，只要我们能够用心去观察与发掘，话题的切入点自然很容易找到。

获得信任也是电话营销的关键环节，能够在最短时间内赢得一个陌生人的信任是需要高超的技能的。如果你正在进行电话销售，千万不要与对方说“我不是要推销产品”或者告诉对方“我在进行一项调查”，这样就太假了。人都是喜欢坦诚相待的，因此采取比较诚实而幽默的方式才是上上之举，比如：“您现在接听的是一个推销电话，我想您不会即刻就挂了电话吧？”根据业务员长期的工作经验，此时十人中只会有一人挂断电话。只有把销售建立在信任的基础之上，通过相关的有效方式去赢得潜在客户的信任，才有可能达成销售的最终目的——签约。同样，只有做好电话销售前期准备，才能够成为一名合格的销售人员。

在每打一个电话之前，应该明确打电话的目标，清楚地明白自己是想成功销售产品，还是想与客户建立长久的合作关系，是想做售后服务，还是想推荐新产品给客户。只有在明确目的之后，才能在打电话的时候把其中的侧重点快速找出来。在营销之前准备充分，明确在沟通中需要得到哪些信息以及提出哪些问题，向那个方向努力。在通话结束后，检查自己是否达到了目标，达到了应该总结经验，没有达到则应该做出反省，查找问题，争取下次营销的成功。

点睛结语：

作为管理者，不管是与下属进行沟通还是与客户进行洽谈，都不是漫无目的的，是要带着自己的目的去进行交流的。在和客户进行交流的过程中，不要忘记多说一些客户认可的事情。当客户拒绝自己时，一定要学会化解拒绝，为自己找到新的突破点。在辞别时，一定要注意自己的礼貌问题，不要给客户留下不佳的印象。当然，在当今社会，电话销售具有很大的市场影响力，其也是一种沟通的方式，在与客户进行电话销售时，一定要做好准备工作，不要盲目销售。

第三章
说话的水平
——个性化表达的艺术

沟通表达要善用委婉的语言

在与人交往的过程中，有的人虽然有着谦恭的态度，却由于不注意语言表达方式常常在不经意间就冒犯了他人。一般而言，相对于“盛气凌人”，言语冒犯所带来的恶劣后果要更大一些。言语上的冒犯有轻有重，轻者，惹人生气；重者，则有可能伤及别人的面子与自尊，更有甚者使人对你产生报复心理。

日常生活中，因言语冒犯所引发的不愉快是经常性的。有的人说话随意，欠缺一些委婉和平和，忽视了别人的感受，不顾忌对方的反应，更是不去考虑说出的话将会导致什么样的后果，因而常常会给自己增加麻烦，以至于影响了人际关系的交往。

有一个人请客，看到早已经超出了约定的时间却还有一半的客人没有到来，他心里非常着急，便说：“那些该来的客人怎么还不来呢?”听了这句话一些敏感的客人心里想到：该来的没有来，那么我们也就只能是那些不该来的了。于是这些人悄悄地走了。主人一看不少客人走了，心里更加着急了，慌忙地说：“怎么这些不应该走的人反倒是离开了呢?”于是留下的仅有的两个客人听了心里不畅快地想：“他们走了的都是不该走的，那么也就是说我俩就是该走的呗。”于是非常生气地拂袖而去。

这个小故事揭示出了一个深刻的道理：过分随意说出的话会伤及人的自尊心，从而影响到双方的关系。而那些言语谨慎的人哪怕面对的是一个十足的无赖，也通常都会化险为夷。语言是有力的武器，能够有效地保护自己，并且能树立起自身的良好形象，轻松拥有好的人脉。

因此，在与人交谈的过程中一定要注意语言的委婉，切忌直来直去，更不应该的是恶语冒犯，给人带去不快和痛苦。在国外传颂着这样的一句话："眼睛可以容纳一个美丽的世界，而嘴巴则能描绘一个精彩的世界。"委婉的语言的确常常可以平息矛盾与纠纷，从而化干戈为玉帛。

某科技公司的盖先生出差，下飞机后提着大包小包快步走出了机场。由于他只顾寻找接自己的朋友，东张西望，不小心撞在了另一个行人的身上。那个行人长得膀大腰圆，在被撞之后睁大两眼瞪着盖先生并且生气地吼道："你在干吗，难道没长眼睛吗?"听着对方口中说出的话，盖先生心里感觉非常不高兴，刚想回敬他两句，可是转念又想，那人不文明咱却是不能不礼貌，与他争吵几句又能够怎样？搞不好麻烦会由此变得更大。想到了这里，盖先生连连道歉，请求对方原谅。盖先生的一番话，说得那个人顿时脾气全无。只是余怒未消地看了盖先生一眼，然后径直走了。

我们不妨试想一下，如果盖先生以不敬去还以不敬，以不礼貌对待不礼貌，所产生的结局也许就是另外的一种了。故而法国大作家雨果说："语言就是力量!"这绝对不是一句毫无依据的话。

心直口快经常会在无意之中给别人带去伤害。也正因如此，心直口快虽然有时可以说是勇气可嘉，但绝对不能成为给他人造成伤害之后来推卸掉自己责任的一种理由。我们本来就可以更加注意，尽量把自己的语言说得更加委婉一些，使人能够听上去更加舒服，也更容易接受。

一次梁先生在保龄球馆和一名办公室的同事一起打球，那名同事作为一名初学者，球艺尚且不佳，梁先生出于一份热心便充当起教练来教对方打球。在接下来打球的过程当中，他一会儿说人家球打得"真臭"，一会儿又说"你这人表面上看起来倒是一个精明的人，怎么学个打球就变得这么笨。今天是不是脑子有点进水了”。接二连三这样地说话，终于同事被激怒。不客气地说：“你说话可不可以稍微委婉些?”“再怎么委婉你笨就笨嘛，怎么还不让人说了。”

就这样，同事被气得穿上衣服转身就走了。梁先生原本也只是好心教别人打球，却使得两个平时关系还不错的人弄得十分不愉快。由此可见，在人与人的交谈过程中，双方都要考虑到对方对于自己说的话将会有怎样的反应，切忌直来直去。

委婉的言语就如蜜糖一般，即便对方被你回绝了，客客气气的言语起码也会让人听了不会难受；而相对的直言直语就可堪称是一把双面利刃了，它并不同于可以披荆斩棘的开山斧，双面利刃是会刺得人心里流血的凶器。前者会使人对你心生好感，后者或许会让人对你痛恨不已。因此，在语言这把尖刀上应加一把刀鞘，让语言变得委婉和顺，不去冒犯别人，否则，这把尖刀不仅容易刺伤别人，也会伤及自己。

沟通语言不够委婉的人应注意改善自己，对人尽可能少的去直言指出对方为人处世方面的不当或言辞激烈地纠正他人性格上的某些弱点。因为即便你是善意的，也有可能会造成他人对你所表达话语意思的误解；况且直言直语也并不能够产生多少有意义的、实质性的效用，因为每个人在内心的最深处都存在着一个巨大的堡垒，那个异常脆弱的“自我”就隐匿在里面，若是直言直语往往会攻破他人的堡垒，从而伤及他人自尊。对事应尽可能地少去批评其中的不当，所谓“对事不对人”只是一种“障耳法”，因为事情是人做出来的，因此批评“事”也就等于批评了人。“舌头、金钱和电脑”在欧美国家并称为三大法宝，想让自己拥有好的人脉关系，就应在与人沟通时注意语气委婉。因为同样的内容，用委婉的语言去表达往往比直言更加容易去被人接受。

能言善辩，但是不要强词夺理

沟通障碍是每个人在日常的工作或生活中会经常遇到的，谈话时有时会觉得对方是在强词夺理甚至可以说是不可理喻，也有时会觉得自己说话不得当，总也说不到点子上，无法让对方准确理解你的真实想法。毫无疑问，这些状况都会影响到我们沟通的效果，轻者使对话无法持续，重者使对方产生误解从而与沟通目标相背离。无论出现了哪种情况，都不是我们愿意看到的。

我们常常所说的某人口才好，某人善于沟通，更多的是指一个人的沟通具有高出常人的说服力，这样的人能够快速抓住所面临问题的关键并恰当精准地表达出来。而与之相反的方面就是，虽然有一些人一直滔滔不绝地在说话，但总是言之无物而被人视为强词夺理，在旁观者看来只能是用胡说八道这样的词汇去形容。我们并非时刻都能保持着理性的思考，很多时候都对此深感束手无策，经常在事情过后也去思考，当真正的对话“高手”遇到这些问题时会如何处理呢？在过往的历史中存在着很多能说会道的名人，当他们辩论失利时仍固执地守着自己的堡垒，因而惨败的情形也不乏其例。

1976年10月6日，美国总统福特与总统候选人卡特共同参加了为下届总统选举而举办的第一次辩论，在这次辩论会上，福特就对当时《纽约日报》记者马克斯·佛朗关于波兰问题所提出的质问，作了一个“波兰并未受苏联控制”的回答，并且说道：“苏联强权控制东欧的事实并不存在。”此发言有着很明显的失误，所以当即就遭到了记者们的反驳。在反驳之初，马克斯·佛朗所用的语气依旧是比较委婉的，其意在给福特总统以修正的机会。他说：“提及此事我深感抱歉，但是您的意思难道是在对苏联没把东欧化为其附庸国表示肯定吗？换言之，苏联没有凭借自己的军事力量去压制住东欧各国？”

假如说当时的福特非常明智的话，承认自己的失言并偃旗息鼓是最好的选择，然而或许当时他觉得自己身为一国总统，如果面对着全国的电视观众去认输，这绝非善策，于是他继续坚持着，继而一错再错，其结果便是为那次即将到手的选举获胜付出了惨重的代价。刊登这次辩论会的媒体，包括所有专栏和社论也都纷纷对福特的严重失策作出了一系列的相关报道，他们好奇福特本人是真正的傻瓜呢？还是只是像一头驴子一样顽固不化？

这时卡特当然也趁机把这个问题一而再、再而三地提出，闹得天翻地覆。

若是一位明智的辩论家，在被对方击中要害的时候大都会以轻轻鼓掌或点头微笑等得体的方式去缓和问题引发的尴尬气氛，如此一来，观众和听众就开始不明白你葫芦里到底卖的是什么药了。有一部分人认为这是他们服从真理的良好风范，也有一些人会认为这就是他们不屑辩解的一种豁达的胸怀。而归根结底他们是否认输，或许只能用一个未知的谜底来描述，也就是所谓的不太明朗。如此一来辩论家即便要说也可以说得更为巧妙，他们完全可以向对方笑道：“你讲得实在是棒极了！”而若是一根筋走下去，依旧继续强词夺理，只会使得情况变得越来越糟糕。

众所周知，在2011年达芬奇公司发出了一封名为《致媒体朋友的沟通信》的公开信。在信中该公司坚称他们所出售的家具均为意大利的原装进口货，他们公司是坚决不会接受无问题退货的要求的，强调当时媒体的报道预设前提都是“造假”，如此一来不免使消费者产生了更多的迷惑和不必要的担忧，更使他们难以接受。

该公司对公众的质疑作出的回应仅仅就只是一场新闻发布会，还有一封长达62页的公开信，这是自媒体曝出达芬奇家具涉嫌造假之后的态度所在。就其总体内容看来，其主旨无非都是辩白与“喊冤”，这和不少其他的涉嫌造假者的辩白简直是如出一辙，没什么两样，其中都透着一股子硬气。

“我们无意去推脱责任，但是也请媒体朋友多多注意的是，我们存在的问题是整个行业中共性的问题还是仅仅我们企业的个性问题？而我们公司在整个行业里做得是相对较好的还是相对差的？”这就是那封冗长的“沟通信”中所写到的一段说辞。一段词锋犀利且又语调高扬的话，毋宁说是责难。达芬奇公司只知道把自己所出现的问题说成是一种行业内的通病，如此它还以行业领先者自居，也以此来指责媒体的不公与偏见。

犯错者的多寡根本不可以成为“喊冤”的理由，这就像是行骗被抓之后，非但不低头认错，反而去责怪执法者，这分明就是“别人都在行骗，为什么就偏偏只来抓我？”的野蛮说辞。群众只要稍加分析，就很容易看出，达芬奇公司的说辞分明就是强词夺理。就算这样的问题是行业内普遍所共有的，达芬奇公司也的确是行业的佼佼者，难道“佼佼者”在犯了错误之后就应该得到宽恕？达芬奇公司信中的那句“无意推脱责任”的说辞恰恰是为自己开脱。

达芬奇公司不讲逻辑的辩说，很明显就是在钻权威处置的空子，挺直了腰杆向着公众去喊话。然而公众不是傻子，不会被蒙蔽，所以问题的制造者最好能够认真地倾听消费者的心声，多一些“有则改之、无则加勉”的诚意，少一些蛮横、毫不讲道理的硬气，这样才会有助于解决问题。

所谓以理服人就是把握好逻辑，讲求道理，依据事实。沟通是需要用“心”交流的，时刻与对方坦诚相待，把自己放在一个与对方平等的高度上，给对方安全的感觉，自古更有事实胜于雄辩之说，切忌罔顾事实，强词夺理。唯有如此你才会从一个绝对的对话“低手”转变成一个十足的对话“高手”了，赢得在沟通上的主动权。

一个强词夺理的人，最显著的一个特征就是没理也找理，不断为他自己的错误行径作出无错的辩护。但是虚张声势、强词夺理，只会加剧他人心中的怒火；人与人之间的强词夺理，只会使得和睦消解、滋生戾气，更有甚者，引发暴力。若是强词夺理产生在权力机关，则会使得社会普通群众效仿，成为一种负面的标杆，如此一来，整个社会将因此而受累。

说话注意精心遣词、言简意赅

在管理中，言简意赅往往比喋喋不休更具说服力。能够简洁明晰地表达出个人所持的观点是一个优秀的管理者应该也是必须具备的素质。管理者应该以清晰的思路，最为准确的语言去传达自己的命令，如果作为一名销售人员，则应当尽可能地用最为清晰、简明扼要的语言使客户能够获得想要知道的相关信息，因此锻炼和培养出良好的语言组织和表达能力无论对领导者还是对基层的销售人员来说都是至关重要的。

积极表达是存在语言技巧的：诚恳的语言、直接的语言、简洁的语言、有建设性的语言、听众易于理解的语言、使用解决问题的语言，这些语言在沟通的过程中起到了十分重要的作用。

解决问题的语句实例——

选择的方法：“让我们来研究一下解决这个问题的可供选择的方法吧。”

想法："我有一个想法可能有助于解决这个问题。"

推荐："这就是我们推荐的方法。"

建议："我可以给您提一两个解决这个难题的建议吗？"

解决方法："我们来看看有哪些可能的解决方法对我们有帮助。"

方案："我有个有助于解决这个问题的方案。"

当管理人员在与下属进行初次的约见时，出于心情紧张等原因，也可能是急于表达出自己的意图而忽视了自己的表达方式。很多管理者身上都有过这样的体验：越是慌慌张张地去表达自己的意图，语言组织就越是错误、漏洞百出，结果也就必然导致了自己与下属沟通起来的吃力。也因此，下属在很多时候不知道上级所要表达的思想，从而影响到工作效率。

麦迪亚作为一家外贸公司的人力资源部经理，她懂得怎么样更好地与下属和同事进行交流。一次，下属向她汇报关于年初招聘的具体情况，麦迪亚从中发现了一个问题：麦迪亚作为经理，平时工作比较繁忙，聆听下属的工作汇报时常是利用自己的休息时间，她希望下属能够言简意赅地进行汇报，将主要内容说清楚即可，不料这位下属却让麦迪亚失去了中午休息的所有时间。

麦迪亚问下属招聘情况如何。下属不仅将招聘的具体时间和流程重新讲述了一遍，还将面试的人员进行了一一汇报。麦迪亚打断下属的话，希望下属能够简略回报，不料下属继续自己的话题，将招聘人数、通过人数都细细数了一遍。

等到下属走出办公室的时候，已经是下午两点，此时麦迪亚不得不继续自己下午的工作，一点休息的时间也没有了。麦迪亚说道："他的汇报原本很简单，只要说明招聘的大致流程和最终确定人数即可，啰唆的汇报是在浪费彼此的时间。"

管理人员在对信息做了足够的了解和掌握的同时，自身语言组织和表达能力也是十分有必要培养和锻炼的，应该尽可能地用最为清晰和简明的语言使得客户能够尽快获得他们想要知道的相关信息。身为一个社会成员，所需要的不只是会沟通，即使你能够滔滔不绝，侃侃而谈，别人仍然不知所云；你费尽口舌且语重心长，却仍然不能打动他人；长篇大论，口若悬河，可是那些听众却已是一片茫然。这样都无法达到预期效果，做出的便是无用功。你更需要练就的本领是几分钟内能让你的朋友、你的听众愿意听你讲，认同你的主张，并能按照你的意见去做。

古往今来很多成功人士就是通过运用“字眼”的力量，才大大激励了当时的人们以死相随，才塑造出了今天的成就。事实亦是如此，当字眼被你用对了，不仅打动了人心，也带出了行动，而行动便推动展现出另一种人生。

罗克岛铁路公司决定在伊利诺可的罗克岛和爱荷华的达文波特之间的大河上修建一座大桥，因为这条大河的河面非常宽阔，架上桥梁能够更加方便人们顺利通行，当时正值是轮船公司发财的大好时候，小麦、熏肉和其他物资的运输只能靠船只这样的交通工具，此时修建大桥也就势必影响轮船公司的经营秩序。

于是，轮船公司把罗克岛铁路公司告上了法庭，试图阻挡桥梁的建设。也就形成了运输历史上最为著名的诉讼案件。

最后一次庭审，轮船公司的代表韦德首先发言，他滔滔不绝地讲述修建大桥对他们各个方面的影响，甚至将引起广大工人抗议也作为理由。他的发言整整持续了两个多小时，就连旁听席的观众也在为修建大桥后轮船公司即将遭受的巨大损失而惋惜。

大家以为辩护方的发言至少也会需要用两个小时，但出乎预料的是，辩护方的辩解从发言到结束，整个过程也不过就只用了一分钟。他们辩解道："控方律师的一席话真是值得倾听，但是，却是忽略了一个关键性的问题，那就是相比之下，沿河运输远不如跨河运输方便快捷。所以，我方也仅仅只有一个问题请陪审团法庭做出回答：那就是，从经济的发展角度而言，跨河运输与沿河运输哪一项更加重要一些？"时间不久，法庭宣判，罗克岛铁路公司胜诉。

"言不在多，达意则灵"，简洁的语言在社交活动中往往更能比繁杂冗长的话题更吸引人。它体现出说话人分析问题的速度和深意，是一个人认识能力和思维能力的高超表现；可以说语言简洁是最经济的语言手段，以最短的时间输出最大的信息量，使听者在较短的时间内获得较多的有用信息，如此更有助于博得对方的好感；在某种程度上反映了说话人果敢、决断的性格。

一个废话连篇的人通常都会被他人所厌倦，言简意赅，少一些套话、废话，这样才能彰显出谈话人的素质和修养，在对方眼中留下干练的好印象。能够"删繁就简"也不失是一种培养个人说话简洁明快的有效方法，所以，在与人沟通交往的时候，时刻注意自己说的话能够在对方听懂的基础上变得更加简洁一些，相信这样更加能够提升你的沟通能力，从而受到大众的欢迎和喜爱。

善于在谈话时制造共同话题

俗话说："酒逢知己千杯少，话不投机半句多。"在人与人交往中，每个人都愿意与同自己有共同语言的人相处，与同自己没有共同语言的人谈话会感到疲惫与烦闷。

在管理过程中，不管是与下属进行交流还是与客户进行沟通，交流本身就存在一定的障碍，如果没有共同语言，没有找到对方的兴趣点，交流起来便是难上加难。管理人员必须能够找到一个共同的话题，只有紧紧围绕一个共同话题展开，才容易吸引对方的兴趣，从而更深入地了解下属，取得下属的信任。

小马和小武同是大王保健品公司的员工，两个人是同时进入公司的，两年之后，小马还在做普通员工，而小武却当上了市场部副经理，为什么两个人会有这么大的职位悬殊呢？要想知道答案，还是来看看小马和小武与经理的交流方式吧。

小马进入经理的办公室，根本没有注意到经理的表情，他的经理是一位女性，准确地说是一位代孕妈妈。小马说道："经理，我已经拜访了所有的客户，订单完成了三笔，还有两笔没有签下来，这两个客户太难缠了，还是您亲自出马吧。"还没等经理说话，小马就已经放下客户的资料，离开了办公室。

小武面带微笑地进入经理办公室，他看到经理大着肚子在办公室走动，便说道运动有利于胎儿生长。小武本来只签了一个客户，还有三个客户没有签订单，他没有着急汇报工作，而是先跟经理聊起了胎儿健康的话题，小武在与经理聊得十分开心时，才开始汇报自己的工作，说到三个未签订单的客户时，小武说道："经理您现在不适合过于劳累，这三个客户我一定会努力签下，您别担心。"

小武高兴地走出了办公室，经理还沉浸在和小武刚才讨论的胎儿健康的话题中。

正如写文章有了好题目作者自然文思泉涌，与人交流，如果有了好的话题更容易使双方谈话自如。作为企业管理人员，要想更好地了解下属的思想，不妨学会"没话找话"的本领。所谓的"找话"就是"找话题"，即便是与客户进行交流时，也需要找到客户的共同语言，能令客户产生共鸣的话题。

大村博信是日本旭光电脑公司的销售人员，平时自己向客户推销电脑时口若悬河，谈论产品的性能如何如何好，客户大都不爱吭声。然而在他用餐时一个餐厅服务员的举动却给了他启示。

一位太太几次对小女孩说："不要挑食，应该多吃些菠菜，不注意营养怎么行呢?"小女孩仍然不吃。大村博信感觉那位太太的菠菜跟自己的电脑一般，'销售'不出去。然而服务员径直走向那女孩伏在她的耳朵旁悄悄说了几句话，小女孩斜视着旁边的哥哥马上大口大口吃起菠菜来，那位太太很好奇地询问服务员用什么办法让犟丫头听话。服务员回答："马如果不想喝水，就算是你死拉活拽也不肯靠近水槽。要想让它乖乖去喝水，让它先多吃些盐，口渴了，它就会乖乖去喝水了。您几次带孩子来吃饭，哥哥常欺侮妹妹。我刚对小女孩说：'吃了菠菜，就会长得比哥哥更胖更有力气，他就不敢碰你了。"

转天，大村博信自信满满地敲开一家纺织公司采购部经理的办公室。此时他已经不再像从前那样进门就滔滔不绝地去介绍自己的产品，而是想方设法地去了解到该公司目前最为关心的是什么，为了什么事而头疼烦恼。得知他们最为无奈的问题是怎么减少存货和如何提高利率时，大村博信请专家设计了一整套如何运用自己推销的电脑，使纺织公司存货减少，利率增加的方案。终于引起了对方的兴趣，最后，买下了大村博信的一大批货。

由此可见，要想使客户心甘情愿地购买你销售的商品，首先要做到的就是要了解其兴趣和所关心的问题，并将这些作为双方的共同话题。

什么样的话题是好的话题，好话题是有标准的，那就是沟通双方都感兴趣，而且都有兴趣展开探讨。只有这样的话题才能使彼此间的交谈变得更有味道，谈得更为投机，也唯有如此才能引起双方的"共鸣"。销售人员与客户谈话时，常见的话题有如下几种：①客户的身体状况。

关心客户及其家人的健康，给予对方一种被呵护的感觉。②客户的爱好。爱好往往是人们最感兴趣的事，更容易引起共鸣。③客户的往事，与客户一起怀旧。④时事新闻。把自己了解到的重大新闻拿来与客户一起谈论。还有客户的行业、客户的工作、在工作上取得的成就、将来的美好前途等。

虽然能够找到好的话题，但有了好的话题并不等于就能很好地交流下去，对话题是否感兴趣是因人而异的，了解到有些常见的谈论话题后，需要根据具体的客户进行筛选。俗话说："不要打无准备之仗。"事前搜集资料了解客户，做好充分的心理准备，有意识地把话题引到销售和沟通的主题上来。交谈中更要善于察言观色，要多培养兴趣，多积累各方面知识。

说话要有的放矢且有条不紊

说话首先要做到有的放矢，突出重点，条理清晰、有条不紊，这是提高口才能力的基本要求。能够有的放矢且有条不紊地去沟通，可给人以稳重之感。在比较正式的场合中，说话一定要注意条理清晰、有的放矢。优秀的推销员几乎都不是快嘴快舌之才，这并不是因为他们反应迟钝，不善言辞，而更是说明他们机敏过人，能言善道。要想沟通畅通，本身就要求言者对所说的内容有一个深刻的理解，并对整个谈话过程做出周密的安排。不要妄想仅仅依靠能言善辩就能胜任推销这个角色，如果毫无章法一味地吹嘘自己的产品如何如何的好，顾客也只会对这种大肆鼓吹加以疑惑或戒备；若循序渐进，按照客户要求有的放矢、有条不紊地进行，顾客自然会因其所表现出的诚实而对其报以信任。

靠某些材料的堆积是无法吸引大众关注的，说话言之有序，主要靠的是内在的逻辑力量去吸引他人，如此一来才更彰显深度与语言魅力。

而说话本身就是一种口耳相传的语言活动，根本没有多余的时间留给大众去揣摩思考，因此清晰、严密的逻辑关系显得尤为重要。明确的语言结构，善于提出问题、分析问题、解决问题，以及自己的观点与例证观点的材料排列和过去、现在、未来在时间上的顺序的合理安排，都应以方便受众理解、记忆及思考为前提。较多地采用由浅入深、由远及近、由已知到未知的技巧的运用来安排自己的谈话内容会更容易使对方理解并产生共鸣。

在语言沟通的运用中，假如只逞一时口舌之快，只顾得上快嘴快舌，就无法产生好的效果。不少人认为，如果口齿伶俐就能够在很短时间内传播出大量的信息，但是没有想到的是，信息本身的价值是由讲话者能否给对方信赖感所决定的。假如你只是为了抢速度，那么大抵只能让对方感觉到你的轻浮，进而对你所提供出的信息也就产生了一定的怀疑。那么即使你提供再多、再全的信息，也很难会使人欣然接受，也就失去了意义。

某公司的一位部门经理属于专家型，单凭他的业务能力一定可以干成更大的事业，但当他在与下属沟通、评价和安排员工的工作时，却经常让对方不知道其所云。不是说一些无关紧要的事情，就是喋喋不休，正因为如此使得他失去了晋升的机会。

还有一家公司的部门经理，当他作了错误决定，把事情弄糟后，老板批评道："请你给我解释下究竟是怎么回事？怎么把事情全给弄糟了？"这位中层的经理听了老板的批评后十分生气，立即辩解道："我的要求和意图一定是被员工们误解了，承担主要的责任应该是他们。即便您对这一结果有万般不满，也不应该追究到我的头上来。"这样的回答显然是推脱责任，且语言毫无章法，让老板很难接受。当即老板说道："既然你承受不了责备，也不能保持冷静的态度，出口毫无章法难以沟通。不管是谁的过错，你应该做的都是努力解决问题，但从你的回答中却丝毫看不出这一点。”因此，这位部门经理被免除了职务。

说话本就不是照本宣科，带有水分在所难免，还时不时地会穿插出一些题外话，有时也会临时随机地补充已讲过的某个问题的某些遗漏点，这样一来就极其容易产生杂乱的现象。

作为一个高明的说话者，应在多层意思之间灵活自然地过渡，时刻牢记主题，不管怎样加插，不管转了多少个话题，都不偏离说话的中心。更要时刻注意避免一些与主题毫不相关的废话，也要注意那些言之无物的空话和装腔作势的假话，令听众极为厌烦的无疑也就是这些。简洁有力是语言沟通最理想的共同手法，紧张、激动的情绪可以生动地表达出来，还有坚定的意志以及肯定的语气。如果沟通结束则应该进行归纳，最好能够简明扼要地再次突出主题，用以加深听话者对自己观点的印象。

点睛结语：

交流能够体现出一个人的魅力所在，而语言通常是一个人魅力的集合点。在沟通的过程中，管理者不妨选择运用个性化的特点，表达更具魅力的话语，从而吸引更多的听众。在沟通的过程中，要善于运用委婉的语言，做到能言善辩，但绝对不要强词夺理。在说话的过程中，学会寻找共同话题，理清思路，千万不要急于表达自己的思想，反而忽略了别人的表达权。谈论的思路是十分重要的，不要因为思路不明而乱说一气，这对沟通是十分不利的。

第四章

倾听的魅力

——同理心倾听的奥妙

专注地倾听要杜绝夸夸其谈

一个真正懂得谈话艺术的人，一定首先是一个懂得倾听的人。倾听作为有效沟通的一大法宝在工作生活学习当中是至关重要的，一个善于倾听的人必定能受到他人的欢迎。“雄辩是银，倾听是金”是人们常说的一句俗语，生活当中正是因为充满倾听，才有了无限的沟通，也正是因为倾听，才会有了解。倾听是对人的一种礼貌，更是一门艺术，在与人沟通中，最有价值的人，往往不是那些最能说会道的人，每个人都有着强烈的倾诉欲望，却最容易忽视倾听的重要，倾听才是语言沟通中真正的美德。

人常说：“上帝之所以让人长了两只耳朵和一张嘴巴，目的是让人少说多听。”许多人在与人沟通时，都会不自觉地犯同样的“错误”：总是一味地对自己的事情长篇大论、喋喋不休，却完全忽略了对方的感受，这确实不是一个明智之举。

从前有个来自小国的使臣来到中国，向皇帝献上了三个一模一样的金人，皇帝看后自然是高兴。但是使臣也同样出了一道难题：在三个金人中，究竟哪个是最有价值的呢？皇帝与满朝大臣绞尽脑汁，还特意请来珠宝匠来检查、称重、看做工，结果是三个金人一模一样。

泱泱大国，怎能连这个小问题都不懂。正在满朝文武束手无策之时，一位早已退位的老臣得知消息后要求觐见，说自己有办法。皇帝闻言大喜，只见那位老臣胸有成竹地拿出了三根稻草，并且依次插入了三个金人的耳朵，却得到了三种不一样的结果。第一根稻草从第一个金人的另一边耳朵出来了；第二根稻草却是从第二个金人的嘴巴里掉了出来，而当第三个金人的稻草进去之后便直接掉进了金人的肚子里，甚至连个声响也没有。老臣转身自信地对大家说："最有价值、当之无愧应数第三个金人！"此时使者默默无语，因为答案是正确的。

这个小故事说明了一个道理，最有价值的人，往往会是那些善于倾听，而绝不会夸夸其谈的人，因为倾听是人成熟的最基本素质。

生活中，具有良好语言表达能力，能出口成章，开口就能说出漂亮言词的人不一定具备很强的能力，一个擅长于夸夸其谈而不践行到自己行动中的人，开始可能会因为优美动听的话语赢得大家的喜爱，但是随着时间沉淀，人们理所当然更看重的是一个人到底是否具备脚踏实地的办事能力。鲁迅先生告诫青年人说："不要被那些夸夸其谈的所谓学者吓怕了，就像你看着污浊的泥塘那么深，其实它就那么浅，你看到的只是污泥而已。"古往今来总会有人在一种思想、学说或者是职业变得流行后，附庸风雅，把自己装扮成那种思想、学说或者职业的渊博者，借以为自己谋取私利。

夸夸其谈的人还有一个特点：就是偏重于形式上的东西，善于弄虚作假，故作玄虚。而真才实学不依靠于衣着来装扮，不依附于花言巧语来搪塞，因为形式无法去取代实质。事实证明，越是看重形式而不讲求实际效果的人，越有可能是一个夸夸其谈、不干实事的人，就像你手中存有一副好牌，任凭你如何叫嚣，而若不亲自动手打牌，再好的牌也只是夸夸其谈的"空谈"。

相传庄子家境贫穷，已经到了揭不开锅的地步，无奈庄子只好硬着头皮到监理河道的官吏家借粮。令庄子高兴的是监河侯很爽快地答应借粮。庄子正要表示感激，监河侯说道："等我秋后收到租税马上就能借给你300两银子，现在你先回去吧！"

庄子听了，转喜为怒，愤然对监河侯说道："昨日赶路到您府上之时，突然听到阵阵的呼救声。环顾了四周也都不见人的影子，只看见了在干涸的车辙里躺着一条向我求救的鲫鱼。鲫鱼说，它的家远在东海，却因种种原因不幸沦落到车辙之中而无力自救，眼看着就即将干死。希望我能够对它施以援手，救它性命。”

监河侯好奇地问他是否予以相助。

庄子冷冷地回答：“我对那条鲫鱼说可以，等我去南方劝说吴王与越王把西江的水引到这儿来，就能把你接回东海去了！”监河侯听完后嘲笑庄子的救助方法荒唐：“那怎么能行呢？”

“是啊，当鲫鱼听完了我的想法，险些气得背过气去，说眼下我没了安身之处，只需几桶水便可解困，而若像你说的所谓引水都是空话大话，恐怕水没引来我早已是鱼市上的干鱼了。”

“远水解不了近渴”是人们的常识，通过这篇寓言我们不难看出监河侯假大方、真吝啬的伪善丑恶面目。也借此讽刺了这种“说大话、讲空话”是一些不解决实际问题之人的惯用伎俩。那些善于夸夸其谈的人最为常见的一个毛病便是开出空头支票、许下不能起到任何作用的诺言。

真正能使人们佩服、成就一番事业的人是能够用心倾听他人心声之人，是少说空话多办实事之人，以一颗真诚之心与人沟通，沟通必定十分顺畅。倘若你用华而不实的词汇与他人交谈，必使其反感，或敬而远之、冷眼相对，沟通更是无从谈起。空谈更是最无能的表现，一个满口叫嚣而从不实践的人恐怕一辈子也干不成任何事情。

对某人所说出的话和提出的观点表示有兴趣就是聆听的要旨。如果说话人所谈论涉及的内容确实枯燥无聊，又或许讲话人讲话的语速太慢或者太快，导致我们失去兴趣，在这时我们不妨尝试着转变自己的想法，正所谓“三人行必有我师”，设想能够聆听这场谈话也许会或多或少的使自己获益，那么在聆听时也就自然会流露出敬意，这也是一种有礼貌的表现，通过谦虚的聆听他人的话语而赢得他人对自己的肯定。

然而，倾听时会有一些主观障碍和客观障碍，对倾听产生影响。倾听的主观障碍主要有：回避听一些复杂困难的主题；不愿听一些费时的内容，封闭自己的思维；拒绝维持一种轻松、赞许的谈话气氛；拒绝与他人观点发生关联或从中受益，固执己见；在表面上或者内心里与发言者发生争执；当发言者的观点与你有分歧时，表现得情绪化、缺乏诚意；听讲时，避免眼神接触；对说话主题毫无兴趣；对说话者不耐烦；在听讲时，做着“白日梦”，或者想着别的事情；关注说话人的腔调或习惯动作，而不是信息本身；被机器、电话、别人的谈话等噪声分心，思维狭窄等。倾听的客观障碍主要有：沟通双方的地位不平等造成的心理负担、紧张；对在场他人的顾忌，或电话打扰，或外界干扰；事前准备不足；时间不足或时间太长；对抗心理，说服对方的愿望太强烈；缺乏从大量散乱信息中发现闪光点的洞察力等。

克服倾听障碍应注意的细节：选择安静、平和的环境，使对方处于身心放松的状态；端详对方的脸、嘴和眼睛，尤其要注视眼睛；尽量把讲话时间缩到最短；平和心态，诚实面对、承认自己的偏见，并能够容忍对方的偏见；保持耐性，不要打断对方的谈话，抑制争论的念头；不要过早作出结论或判断；不要以自我为中心；随时做笔记，使对方觉得受到重视。

同理心倾听站在对方的立场

倾听有五个层次，即听而不闻、虚假地听、选择性地倾听、专注地倾听和同理心倾听。在与他人的沟通中，前三个层次最好不要用，后两个层次比较常用，即要么专注地倾听，要么同理心倾听。

现当代有不少著名的心理学方面的专家、学者在研讨、论述做人的方法时，都会特别对“同理心”这个词加以强调。有的人甚至会说：“没有同理心，就很难知道如何能够成功，如何产生领导力。”由此不难发现，所谓的“同理心”就是我们在日常生活中所经常提及的设身处地、将心比心的一种做法。无论在人际沟通方面出现了什么样的难题，能够设身处地地为他人着想、将心比心、尽可能多地去了解并重视他人的想法，一定能够更容易地找到问题的解决方案。

尤其是在发生冲突或误解时，人与人之间的冲突通常都是来源于彼此之间的误解，当事人双方如果都能够把自己放在对方的处境去思索，尽力地去了解到对方的立场和初衷，进而求同存异、消除误解，这也就是所说的“同理心”。人与人之间的沟通没有固定的公式可言，只要能够以关心为出发点，为双方都留下余地和空间，对别人的处境去感同身受，从而也就可以赢得对方的信任。

留学生小芬在美国的一家快餐店打工。一天，她粗心地把一小包糖错当做咖啡伴侣给了一位女顾客。不料女顾客当即恼火，原因是她处于减肥期，必须禁食一切与糖类有关的食物。女顾客情绪激动大声嚷嚷，简直就把那包糖当成了一包毒药，当时的小芬完全不明白减肥对美国人有那么重要，当下就愣在那里不知所措了。女经理闻声赶来，在小芬耳旁轻声说道：“如果我是你，马上给她道歉，给她提供她要的，把钱也退还给她。”小芬照着经理的话做了并且再三地道歉，女顾客也便不出声了。事后，小芬等着经理的批评。可是，经理只是对小芬说：“如果我是你，我会把店里的东西认真熟悉，防止以后再次拿错。”

一句“如果我是你”，竟令小芬感动不已。后来，她发现很多时候其他人明明是对自己提出了不同意见，也很少会有人直截了当地说：

“你怎么把事情做成这样？你以后不能这么做！”而更多的是委婉地说：“如果我是你，我也许会这样做……”同样的意思不同的表达，少了些许难堪，少了沮丧，多了一些温暖和鼓励。一句“如果我是你……”就能够站到了对方的立场，大家一平等，自然就不会对立，沟通也更容易进行。

孔子曰：“己所不欲，勿施于人。”这就是同理心的表现，用自己的想法推及他人，能够积极地站在他人的立场上去倾听，但绝不是被动地去听，更不是听而不闻，而是要积极地听，在体谅对方的前提下，设身处地去为对方着想，主动地对相关信息进行搜寻与理解。当听到截然相反的观点时，更应该充分保持理性，了解对方的出发点是什么。总之，遇事应当从自己的内心出发，继而推及他人，去理解他人、对待他人。

小张和小王都是某公司职员。小张爱较真，每当发现小王的计划书中有可疑的地方时便刨根问底，询问相关的一些数据说明和理论依据。但是在小王看来，这并不是在探讨，而是在逼问。于是小王委婉地表达了自己的感受，小张也立即声明绝没有逼问的意思。只是再次讨论时，小张的嗓门又如从前一般渐渐大起来。日积月累，小王已经非常不满，于是不再与小张讨论任何问题。半年后，小张被公司辞退。理由是小张不善于倾听他人意见，特立独行，无法与集体融合。

小张自己深感委屈，认为自己出于好心，热心帮助他人，只是想把公司方案做得更加完善，却不想自己为何总会给别人不好的感觉。

实际上，小张错就错在太注重表达自我了，他认为自己并没有故意为难他人，但其实并没有认真理解对方的感受和真正想法。还有一个大家熟识的故事。

一天，美国著名的主持人林克莱特采访一名小朋友，问他长大后想要当什么。

小朋友天真地回答："我想当飞机驾驶员！"

林克莱特接着问小朋友，如果有一天他所驾驶的飞机飞到太平洋上空的时候引擎熄火了，他该如何去解决。

小朋友想了想后答道："我会让坐在飞机上的乘客都绑好安全带，然后我戴上降落伞跳出去。"

在场的观众被这样一席话逗得已经是笑得东倒西歪，而林克莱特却依旧继续注视着这个孩子。出乎意料的是，短短几秒钟后，孩子的两行热泪便夺眶而出，林克莱特意识到了大家的发笑使这个孩子受到了伤害，孩子脸上的悲伤之情远非笔墨所能描述。

于是林克莱特接着问他："为什么要这么做呢？"孩子真挚地说："我要回家去拿燃料，然后再回来！"不妨反思一下，我们在听别人说话的时候，是不是也经常会只听到一半就自作判断呢？

生活中我们常常说："人同此心，心同此理。"所强调的也是同理心。这句话告诉我们无论是在工作中还是在日常的生活中，凡是拥有同理心的人，能够站在他人的立场上去倾听他人的想法，善于体察他人的意愿，乐于去理解与帮助他人，这样的人才会受到大家的欢迎，也最值得大家去信任，也就相对更容易取得成功。

能够设身处地地为他人考虑、体谅和理解他人、对人对事有足够的耐心，这样的人自然更容易与他人搞好沟通。在与人交往的过程中大多数人更喜欢善解人意的人，因为这样的做事方法会让一些有困难的人少一分尴尬不安，多一份友爱和温暖，由此衍生出更多的信任和依赖，另外在团体中，站在他人的角度去聆听也更加有利于团队的和谐。

有效地专注地倾听与同理心倾听是有一定技巧的，以下是总结的11个技巧：

（1）主动的过程：站在他人的立场，学会仔细地倾听他所说的每一句话。在与人沟通的过程中，不要用自己的价值观来批评对方的思想，要学会理解对方的态度。

（2）鼓励对方先开口说话：这能够让对方感受到我们对其很尊重，有助于建立融洽的关系，彼此接纳；从而也能够降低谈话中的竞争意味，能够很好地促使双方意见的一致。

（3）切勿多话：说话前考虑清楚，避免说得太多而丧失了开发业务的机会。

（4）切勿耀武扬威或咬文嚼字：考虑倾听对象的心情，避免让对方产生紧张的情绪。他们可能因为担心而口齿不流利而采取自我保护，不愿多谈。

（5）表示感兴趣，保持目光相互接触：人们判断你是否在聆听自己说话的内容，是根据你的目光是否能够看着对方来作出的。

（6）专心、全神贯注、表示赞同：心不在焉的举动不能有，你可以练习如何来排除促使你分心的事物，以培养专心的能力。点头或者是对对方微笑，就可以来表示赞同对方说的内容，表明你与说话人意见十分相合。

（7）让人把话说完，切勿下论断：让人把话说完整并且不插话，这是最起码的礼貌。人们总是将打断对方说话理解为尊重自我意识的表现，实则是对对方的不尊重。

（8）鼓励别人多说：对于对方提出的精辟的见解、有意义的陈述，或有价值的信息，要真诚地赞美对方。

（9）让别人知道你在听：对别人说的话时不时地表示肯定，比如回答“是”“我了解”或“是这样的”，告诉说话的人你在听，你很感兴趣。

（10）使用并观察肢体语言，注意非语言性的暗示：当我们和别人在谈话时，即使我们还没有开口，内心的感受就能够通过肢体语言表露出来，听话者如果态度比较冷淡，说话者自然也就会特别在意自己的一言一行，比较不愿意敞开心扉。

（11）接受并提出相关回应：你必须重点式地进行复诵，记住对方所讲过的内容，从而确认自己所理解的意思是否和对方一致。

听准话中之意，听懂弦外之音

语言的博大精深就是在于同样一句话可以表达出不同的意思，语气、语速等的不同可能会导致两种截然相反的意思。听别人说话看似是一件非常简单的事情，但是在事实上很多时候我们听不懂别人所说的话，以至于无论是给自己还是别人都带来了困扰。听别人说话最重要的就是需要听出对方所说的话的用意，也就是说话人究竟是为了达到什么目的，所说的话究竟谈及什么事情。俗话说得好：“会说的人不如会听的人。”是否善于去“听”，是衡量一个人是否具有沟通能力的关键性标准。

现实生活中，经常可以听到一些人这样埋怨：“简直就是在对牛弹琴，不管用多少暗示，对方就是不明白我的意思。”的确如此，在生产、生活中，尤其在工作当中，有很多职员就是因为无法正确理解领导意图而失去升迁的机会，有好多的销售人员因为搞不懂客户的意思，听不懂客户的意图，而失去订单。换言之，就是听不懂“弦外之音”，无法理解他人的真正心理。

乐乐是南京的某所知名高校的毕业生，优秀毕业生的光环给了她非常多的就业机会，她顺利进入了一家外企做了销售。在三个月的试用期中，她按照自己确定的目标处处严格要求自己，果然在考核时，业务量在同批大学生中取得最高分。在她向自己上司汇报工作时，上司常常评价她："你的个人表现非常突出。"乐乐听后自然欣喜不已，对工作更是勤勤恳恳，一丝不苟。甚至有时为了能够显示自己超群的能力，常常独自完成上司交给一个组的工作量。

半年之后，原来的销售部的主管调离，乐乐认定这必然是自己能够升职的绝好机会，可是万万没想到，领导对于新职务却丝毫没有考虑到她。乐乐感到出乎意料，也很不能理解，于是便找到了上司去询问，上司非常坦诚地回答她："这个职位本身需要的就是一个善于进行团队合作的人，而你却过多的只在乎表现你自己的个人能力了！"这时乐乐才明白过来，过去上司的关于她个人表现突出的"称赞"，实则是在含蓄而委婉地暗示她要更多地注意一下与团队的合作，最终这使得她与这次升职失之交臂。

此后乐乐痛定思痛，开始格外留意起上司的一言一行，更是学着去体味他人的言外之意。一次，她的上司在出差之前对她说："这个项目就完全的交给你去做了！"但是这次乐乐在谈业务的时候，依旧没有擅自做主，而是不时地请示上司，最终她做成了这单业务，而她的上司也因为这次的成功受到了嘉奖。在不到一个月的时间内，她就如愿以偿地升职成为了主管。

由此我们得出结论，语言的表述除了看清其表面内容，同时也要考虑说话当时的语境以及对方的角度等方面。无论是与上级沟通，还是和同事交流，都应当时刻注意能够站在对方的角度去思考其话语的意思，听懂"弦外之音"，以避免"会错其意"。因为有时候相同的一句话，在不同的语境中所表达出来的意思就有着天壤之别。

只有当我们能够更加准确地对谈话者的意图做出了解，能够在其语言中所流露出的情绪中获得所传播出的信息，这样才能更好地促使对方继续谈下去，达到最终目的。所以只有会听的人，才能会说。日常的人际沟通中，会遇见不少人一脸虔诚地倾听着别人说话，但是当问及对方所言之事，却表现出一脸茫然。导致没有领会到谈话人意图的原因很多，可能是因为听者知识浅薄抑或是因为立场不同、阅历不同、专业不同，以至于听不准谈话者的意思。善于聆听别人说话要比能说会道更为重要，如果听不准对方谈话所涉及的问题，给予对方回应时也许就会造成不必要的麻烦，甚至闹出笑话。

著名作家大仲马将要去当时法国最大的书店了解售书情况，书店老板得知这一个消息之后，决定为这位令人尊敬的著名作家做一些令他高兴的事。于是，他清理了店里所有的书架，把所有的书架上都只摆上了大仲马的书。

次日，当大仲马来到书店参观，却见到只有自己的书在书架上时，大吃一惊，忙问老板："别人的书在哪里?"

老板在情急之时冒出了一句："什么别人的书？我们都已经卖完了。"

很明显，如此一来使大仲马和书店的老板都十分地尴尬，大仲马窘迫于自己的书竟然没卖出去；老板则面红耳赤，好心却办了坏事，捉弄了当时最负盛名的作家大仲马先生。

大仲马所提出的问题"别人的书在哪里"的言外之意是：为什么书架上全部摆放的都是我的书啊，别人的书都摆放到哪里去了？也同样很有可能担心销量不好的因素，因为大仲马去书店就是为了解售书情况的。但书店老板没听出这弦外之意，情急中认为大仲马是在询问各种书的销售情况，于是在突然被询问的情况下下意识地以一贯的商业性口吻干脆利索地回答了别人的书已经卖完了。显而易见，老板并没有能够“紧急”想出一个得体的回复来，弦外之意使得大仲马极度尴尬，于是就搞出了这样一个笑话。

从这个小故事中我们不难明白一个道理：要根据对方当时的情况进行得体的语言应对，以防弦外之音让自己被他人所讨厌。书店的老板完全可以这样回答：“由于您的作品特别受他人喜爱，销售量与日俱增，我们特意把您的书单独进行销售。”如此一来，最终的结果很可能是大仲马把下一本畅销书的发行工作交给这个老板，为老板带来一笔大生意。

一句话可能会包含多种意思的情况很常见，这就要求我们能够掌握分析究竟哪一种理解才是客户的真正意思的能力，只有掌握了一定的领悟能力，能够从话语复杂的含义中领悟到他人想要表达出的真正意思，这样才会了解对方的内心，赢得他人的好感，使对方充分信赖你，从而达到与你沟通的目的。

听懂奥妙之后再作决定不迟

在沟通中，很多时候，一些人总是认为自己高高在上，不能悉心听取他人的意见，如此一来很容易变得刚愎自用、不得人心。如果身为一个领导者而不能耐心倾听，仔细揣摩分析事物的利弊后再作决定，那么他是很难成功的，只有能够耐心地听取并且采纳下属的意见，才可以使自己的事业向有利的方向发展，因为一个足够聪明的领导者必定是善于听取下属意见的。

相传，吴王下定决心去攻打楚国，所以他警告大臣说：“如果谁胆敢来劝我放弃的话，我就把谁处死。”大臣们听罢，自然不敢多言。有一个忠心的侍从，也想劝说吴王，听到这番话后非常着急，于是他想出一个方法。

每天早上侍从都带着弹弓和弹子在后花园里面转悠，丝毫不在意露水把他的衣服打湿，一连几天都是如此。吴王发现了以后询问他："你为何把自己的衣物弄湿自讨苦吃呢?"

侍从答道："我发现后花园树上有一只蝉，每天都爬到很高的地方去喝露水并且高声地叫，却不知有一只螳螂在它身后准备袭击。螳螂也不知在它准备袭击蝉的时候，一只黄雀躲在树后，准备将它吃掉。我便天天拿着弹弓、弹子准备打下这只黄雀。三个动物只顾眼前利益，却不知身后潜伏着巨大危险啊。"

吴王听完侍从的话立刻放弃了攻打楚国的决定。

这个侍从的聪明在于没有直接说明自己的想法，而是迂回着将自己的观点表达出来，以达到劝诫吴王的目的。这其中更为重要的是聪明的吴王也能够听懂侍从话中的含义，了解了侍从劝诫自己的一番苦心。如此，吴王没有去攻打楚国，也就避免了别人攻打吴国的危险。

要能倾听出说话人话中的奥妙，而不是只去看事物表面的情况。善于琢磨说话人的真实意图，才会对自己有所帮助。

燕昭王继位后，为了使燕国变得强大，他励精图治，却并未收到很好的成效。于是，燕昭王就去拜见智者郭隗。

他见到郭隗后，谦恭地请教："齐国攻破燕国，我深知燕国势单力薄而无力报复。如能得贤士与我共商国是，就可以报仇以雪先王之耻。请问先生，如何才能招贤纳士呢?"

郭隗回答："自古以来能够成就帝业的国君都可以做到以贤者为师，而以贤者为友的国君都是能够成就王业的。要想成就霸业，国君必须以贤者为臣。而那些国家即将被颠覆、灭亡的国君大多都是以贤者为仆役……”

郭隗的话，并没有明确地告诉燕昭王应该如何去做，但聪明的燕昭王听后，便亲自登门去拜访贤能之士，谦虚地接受教诲，听取意见。久而久之，天下贤能之人听说了燕昭王的举动，纷纷前去投奔他。

燕昭王领悟到智者话中所含的奥妙，从话中抓住了有用信息，明白这位智者的意思就是要自己礼贤下士，耐心去接待有才学的人，只有放低自己的身段，贤能之士才能感动。燕昭王能够虚心向贤能之士请教治国方略，使之感觉到自己平易近人的态度，在很短的时间内招募到很多贤士，从而为燕国的强大打下了坚实的基础。而假如燕昭王并没有听懂智者话中所含的意思，也就不可能做出这样的事情，更不可能在日后打败齐国。由此我们不难看出，听懂话中的奥妙，抓住信息的关键，才是沟通的关键。

一般而言，正常人平均的说话速度一般是在每分钟 120 ~ 180 字，而人类大脑的思维速度却是平均说话速度的 4 倍左右。所以，可能出现的情况是对方的话还没有说完，我们早就已经理解了，这时我们的思想就会自我满足和膨胀，容易心不在焉地开小差，如此一来很可能忽视了说话人谈话的本意，找不到话中的玄机，也就失去了沟通的意义。所以专心地将对方的谈话听完、听懂很重要，切记不要自以为是。

影响他人，让对方也乐于倾听

谈话时应该注意遣词，恰如其分地用词，不仅可以把自己的意思表现得更为准确，同时也能够起到一种感染听者的效果。美国学者丹尼斯认为：倾听是非常重要的，因为在一个人学习的过程中，从小学直至大学，课堂倾听是大多数人学习的主要方式。能够做到专心倾听，既有利于某些知识的理解掌握，更重要的是倾听是一个人的一种良好修养的表现，学会倾听更是学会欣赏他人的一种基本要求和前提条件。在日常生活中也应该以自己的倾听去感染他人，也乐于倾听。

不会去倾听，也不善于去倾听，更不乐于去倾听，这是因为人们普遍的表现欲都很强，都更加偏爱于喜欢别人去听自己说，而又没有耐心去倾听别人的诉说。在一个团体中，领导者总是更加关心他人的说法是否与自己的想法是一致的，而忽略了员工的业务学习过程和工作的态度，也不大会注意去引导员工如何去倾听。况且管理者往往表扬得都是做出精彩回答的员工，却很少去郑重其事地赞扬那些专心倾听的员工。久而久之，大家就会因为忽视了倾听的作用，从而变得工作态度浮躁，进而严重影响公司整体的效益。

在某公司年度经营谋划大会上，全体中层以上领导全部参加，大家众说纷纭，都想表示自己对新的一年的经营方向的看法，由于大家的观点不一，几个小时过去了，公司依旧没能制订出合理的工作方案，散会后，因为公司管理制度一向涣散，疏于管理，大家也因为对销售的看法不一，都依旧我行我素，几个月下来公司开始出现了亏损。这时公司上层才意识到了事情的重要性，更明白了在公司中争执无法解决问题以及倾听的重要性。于是高薪请来了培训师，重点培训员工如何做好倾听他人意见。由于公司的重视，久而久之，大家的工作态度不似以前那么浮躁了，大家能在一个和谐的氛围下共同商议发展计划，团队合作由此变得更加和谐，企业很快就扭亏为盈了。

我们应该认识到，倾听也是一种学习，倾听的存在更加有利于人与人之间的交往，倾听更是作为合作、探究与学习的前提来存在的。在生产和生活中我们不光应该营造出一种轻松愉悦的氛围，能够让大家畅所欲言，大胆地发表出自己独到的见解，实现展现自我的目的，更应该以实际的行动去感染和引导他人能够做到专心地去倾听，倾听他人的讲话，倾听他人所表达的意见和建议，从而积极地有意义地参与与他人交流的过程，这样更加有利于擦出个人思维的火花，更容易获取相关知识，培养能力。

倾听能力并不是一朝一夕就能培养成的，而是需要在人与人相互的感染与引导的过程中不断地提升。一些善于倾听的人把一种“听和说一样重要”的观念传达给他人，要懂得“说”的关键点就在于表达自我，要让别人能够听得明白，容易理解；“听”的关键点则在于尊重他人，要尽力弄懂对方的意思，以便回应。如果大家不单单喜欢善于表达的人，同样也关注那些专心倾听他人的人，慢慢地，人们就会感受到倾听的魔力，因为它可以让自己做事扬长避短，从而也就会变得乐于倾听。

那么如何才能影响他人也注重培养倾听能力呢？首先就是循循善诱，引导倾听。应该具有端正的倾听态度。以有效的倾听作为前提，才是一种正确的倾听态度。应该时常进行换位思考，从中明白如果可以耐心地去倾听他人的发言、他人所提出的意见，是对对方极大的尊重与信任。因为尊重是相互的，只有自己专心地去倾听别人，日后别人才会专心地倾听你的意见。其次就是应该明确地了解到倾听的意义，因为作为一个自然人，一生中大约会有一半的时间是在听，“听”是一个人能够获取知识的重要途径之一。最后就是能够提出倾听的要求，集体中只有提倡倾听，营造倾听氛围，才能够引起集体中人的足够重视，从而达到打造出良好的工作环境，更有益于个人和集体的发展。

点睛结语：

“听”是一种信息传输的过程，也是沟通过程中不可或缺的途径。作为企业管理人员，要想更好地了解下属的意愿，必须要学会聆听对方内心的声音。倾听要比夸夸其谈更有效果，如果你想要理解对方的思想，不如站在对方的立场上，听懂别人说话的弦外之音，听懂对方话中的玄机，然后再作出决定。聆听不仅能够让你获得更多的信息，更能够帮助对方打开心灵之门，在你诉说的时候，对方才会认真聆听。学会聆听就是学会了沟通的窍门，懂得了一种交流的方式。

第五章
询问的艺术
——沟通重在需求把握

有效的询问有利于需求把握

不会有太多的人喜欢滔滔不绝地主动与你交谈，在生活中是如此，在管理工作中更是如此。由此延伸，在管理的过程中，如何通过合理有效的提问方式让下属不至于一开始就不明白你在说些什么，如何通过合理有效的提问使得与下属的沟通更加畅快，如何通过问题的提出来充分地对下属的信息做进一步的了解，如何通过种种有效的询问，能够得到最终满意的答复等，这在管理中是要起到举足轻重的作用的。

作为一名销售人员，是能够通过一系列的巧妙、合理、正确的提问达到减少客户逆反心理的作用的，而如果一味陈述自己个人的观点，是极其容易引起对方对自己销售的反感和反抗心理的。如果营销员可以充分地对客户信息做出了解，就会轻而易举地引导客户按照你思维的方向去展开彼此的谈话，继而也就会按照你的思维方式去思考问题，最后也就更有希望达成你所希望得到的结果，变换询问的方式或许能够达到更好的沟通。

“我在做祈祷的时候可不可以抽烟呢?”一个基督教信徒问牧师。

牧师听到非常气愤，结果自然而然是拒绝了，“当然不行，做祈祷的时候抽烟，这是对主极大的不敬，你怎么能有如此罪恶的想法，阿门。”

又有一个信徒问牧师：“我尊敬的牧师啊，我在抽烟的时候，可不可以做祈祷呢?”

“你很虔诚，当然是可以的，你真不愧是主的好子女!”这次牧师一脸笑容，非常欣慰地回答他说。

通过这个故事，给我们的启示是，如果相同的要求，换一种提问的方式，或许得到的结果就会是截然不同的，这就是提问的技巧所在。

作为一名管理人员，不仅要知道员工的工作进度、工作态度，更应该了解到员工的心理需求和生活需求。要想进一步对员工进行了解，必然需要管理人员用心沟通。在与下属进行沟通的过程中，善于运用一些提问的方式，灵活掌握有关于提问的一些技巧，一定能给自己的管理带去不少意想不到的收获和惊喜。在进行提问时，我们必须要考虑到两个问题：首先是提问的目的何在，换句话说就是为什么会提出这样的问题，提出这个问题想得到的结果是什么。毫无目的的对下属进行提问，只会浪费彼此的时间，而不会达成好的结果。其次是应该考虑好采用何种方式去提问，想好如何表达，用怎样的表达方式，表达方式的不同得到的结果可能就会截然相反。能够意识到这两点，把问题提得恰如其分，就容易得到满意答复。我们用不同的故事进行对比。

情景一

王经理："小李，最近工作进展如何?"

小李听到经理的提问，心中变得紧张，脑海中开始回忆近期自己工作中是否出现过错误，他心想经理是不是知道自己犯了什么错误，是不是在对自己进行审问。紧张的小李应道："挺好的。"

王经理继续问道："有没有解决不了的事情?"其实，王经理问小李这些问题，纯属出于善意，希望能够了解下属的实际困难，然后帮助他们更好地完成工作。

小李紧张得说不出话来，只能连连摇头。经过几句提问和回答，王经理根本没有了解到任何有用的信息。

情景二

牛总笑着将小刘叫到办公室，说道："小刘啊，你看咱们一起工作这么长时间了，我还不了解你的具体情况呢？在生活上我关心的还不够啊。”

小刘：“牛总，您说的是哪儿的话，您是我的领导，我生活上的事情不能给您添麻烦。”

牛总：“你是我的员工，我当然有责任让我的员工过得更好，生活得更幸福。有什么需要公司解决的，只要公司能做到一定会帮员工解决的。”

小刘：“既然牛总这么说了，那我就说说我的想法吧。最近物价上涨了，员工的工资也有一年多没有调动了，很多员工可能心中有些抱怨，希望公司能够考虑一下。”

通过和小刘的谈话，牛总终于了解到近期公司频频出现离职现象的原因。

由此可见通过不同的方式进行询问，所达到的效果相差是巨大的。只有让对方愿意提出自己的看法和观点，表达出自己真实的想法，才能达到有效的沟通。

要想做到启发下属心智并使之积极参与沟通，就要通过采取有效的询问方式赢得下属信任，这是每个管理人员需要学习的。据管理界佼佼者的总结，有大抵六种最为常用，也最容易产生实效的提问方法：一是请教式提问，因为受人的虚荣心驱使，人们都喜欢被他人尊重，若能抬高他人的价值，他人会更愿意对你的问题进行充分的回答。二是引导式提问，通过不断的引导，把握下属内心深处最为真实的想法，然后发现其需求。三是限制式提问，也就是把答案设定在一定范围内，无论下属如何回答，都对提问者有利无害。四是建议式提问，表面上看是一种商讨，而实质是暗示下属这才是你最好的选择。五是探求式提问，用委婉的手法，了解最多的关于下属的信息。六是肯定式提问，用一种肯定型的语气引导对方也做出正面的回答。

开放式问题能掌握大量信息

要想让沟通继续下去，并且能够有一定的深度和趣味，就应该多提开放式问题。那么究竟什么是开放式的问题呢？开放式问题就像明了的问答题一样，不是一两个词就可以做出回答的。这种问题需要很多语言来进行解释和说明，同时也要向对方表示你对他们说的话是十分感兴趣的，还想了解更多的内容。开放式的问题能够让管理者了解到更多的信息，认识到回答者的思维动向。开放式问题的方式，通常就是我们所说的“5W1H”的问题：What——什么？Who——谁？When——何时？Where——何处？哪里？Why——为什么？How——如何？

在管理交往中，人与人之间需要相互了解，而了解的形式又是多种多样的。其中，语言沟通则是一种比较普遍的了解对方内心的方式。在你与他人进行语言沟通的过程中，一定要注意，不要过分限制对方，要选择一些具有空间性的问题，给对方说话和表达自己思想的空间，而此时提一些开放性的问题，便是最好的选择。

每个人在表达自己想法的时候，都不想受到限制，如果自己的思想受到了一定的限制，自然会有一种不舒服的感觉，如果你能够给对方提供表达的空间，引导对方讲述自己的思想和想法，自然很容易得到对方的信任，这在管理中是十分必要的，在与客户交谈中也是必须要实现的沟通课题。

由此可见，开放式问题是沟通进行顺利的保护伞，那么开放式问题有什么特点呢？开放式问题灵活性比较大，适应性也很强，适合于回答各种类型的问题。尤其是适合于回答那些答案内容尚未知晓或者是比较复杂的问题。它能够给予调查对象一定自我发挥的空间，使之发挥主动性和创造性，达到畅所欲言的效果，从而使提问者可能获取预料之外的、更有价值的信息内容，能够比封闭式问题提供更多的信息。

一位企业的管理人员对近半年公司业绩进行分析之后，发现公司业绩出现了持续下降的情况。管理者感到很困惑，他觉得自己这半年的工作也十分努力，看到员工也很努力，可为什么业绩会出现下滑的现象呢？

为了能够搞清楚原因，管理者决定和公司的中层管理人员、基层员工进行谈话和调查。管理者将一名市场部副经理叫到办公室，问道："我发现这半年咱们市场部的业绩不是很好，是不是员工有偷懒的？"这么一问把副经理问愣了，他不知道怎么回答，只能摇摇头说没有。管理者又问道："那是不是你们管理得不到位？"副经理心中更加紧张了，连忙回答说："总经理，我一直在很努力地工作，也在积极地配合市场部经理工作。"这位副经理离开办公室之后，仍然不明白其中的原因。

这位管理者用这种封闭的问题提问，自然得不到自己想要的答案，他花费了很长时间，但一直也没有得到公司业绩下滑的原因，于是他决定改变自己的战略，去基层问一下。

这位管理人员来到生产车间，因为他很少去车间，也很少有人认识他。他看到两个工人正在闲聊，走过去问道："今天工作不忙呀？已经到下班时间了吗？"工人回答道："还没下班呢，这不机器又出问题了，想忙也忙不了啊。"管理者接着问道："机器经常出问题吗？怎么没人修修啊？""可不，这半年经常坏，主管找人修了，好像还花了不少钱，但还是老出问题，这多耽误生产啊。"工人又说道："耽误生产还不算什么，这机器花多少钱修好也行啊，三天有两天是坏的，不能生产，我们就拿不到工资，这一个月下来挣那么一点儿钱，真想找个其他的工作。"管理者听了工人的抱怨，心里有数了，心想原来是机器出问题、维修不到位、员工收入受影响才导致公司业绩下滑的。

每个管理者都希望能够更多地了解到有价值的信息，在很多时候有价值的信息不经过询问是得不到的，而询问是要讲究一定的方法和技巧的。选择开放式的问题提问，可以得到更多的信息，这对于沟通是十分有帮助的。

要想更好地利用开放式问题得到答案，就应该注意在提问时规避开放性问题自身具有的缺陷。比如其答案的标准化程度低，难以进行整理和条理性分析；花费提问者填答问题的精力和时间，往往会降低工作效率，等等。只有避免这些不利方面的影响，才能达到有效沟通，得到更多有价值的信息。

封闭式问题能快速达成目的

在我们的日常生活和工作中，与人沟通是必不可少的内容，有沟通就要发问，有发问就要有问题。那么，在我们与他人的交流沟通中要想利用有限的时间完成紧迫的任务，达到自己的目的，就要讲究一定的沟通技巧和提问策略，好的技巧和策略可以让我们左右逢源，事半功倍。

在培训课堂上，有人做过一个封闭式问题的试验：实验者让一位学员抽出一张扑克牌，然后不让他看，让他直接把抽出的扑克牌交给实验人员。随后实验人员连着问了几个封闭式的问题，最终把那张扑克牌是什么的答案很快传达给了学员。

实验人员：一副扑克牌有两种颜色，请问你选红色还是黑色？

学员：红色。

实验人员：那么，剩下的是不是黑色？

学员：是。

实验人员：黑色里面有黑桃和梅花，请问你选黑桃还是梅花？

学员：梅花。

实验人员：梅花里面有花牌有字牌，请问你选花牌还是字牌？

学员：字牌。

实验人员：字牌里面有单数有双数，请问你选单数还是双数？

学员：双数。

实验人员：双数里面的8和10是大数，2、4、6是小数，请问你选大还是小？

学员：大。

实验人员：大数就剩下8和10，请问你是选8还是选10？

学员：8。

实验人员：那么剩下是不是10？

学员：是。

实验人员：是这张吗？我手里的正好就是一张梅花10。

学员：是。

在日常沟通中，常见的提问方式按其内容大致可分为两大类，即封闭式问题和开放式问题。封闭式问题是相对于开放式问题而言的，是指事先设计好的选答案的提问，当受访者对问题的回答仅仅只是被限制在了备选答案当中，换句话说也就是他们给出的答案主要是从备选答案里面挑选出自己认同度比较高的答案的时候。封闭式问题有点像对错判断或多项选择题，回答时只需要一两个词，比较简练。封闭式问题的常用词汇主要包括能不能、是不是、会不会、可不可以、多久、多少等。如果提问中带有以上或与以上词汇近义的词语，基本可以断定这些问题就是封闭式的问题。那么顾名思义，开放式问题就是和封闭式问题相反了，它常常是提出一个相对自由或宽泛的问题，给被提问者以足够的空间来表达自己的意见和看法，由于没有固定的模式和答案，所以开放式的问题在篇幅上也相对比较冗长和烦琐。所以在有限的时间内或在紧急的情况下沟通时，多数人会选择封闭式问题来提问，以求直接快速地获得所需信息，从而达到自己沟通的目的。

在某公司新产品发布会上，该公司公关部经理做了简短的发言后，把剩下的时间留给了媒体，在时间比较充裕的情况下，许多媒体记者都提问了许多很宏观、宽泛的问题，如有记者问道："贵公司新产品的优点有哪些？""以后贵公司的主要科研经费会投向哪方面的市场呢？""请刘总谈一下贵公司五年内的发展规划。"虽说开放式的问题容易引起沟通者的好感和表达欲，但是也不能把太多的时间都放在漫无边际的谈论上。

在提问时间马上结束的时候，某媒体的记者简短明了的发问却给人留下了很深的印象。只见该记者一脸严肃，问道："据有些媒体报道说，贵公司的某些产品在行内有抄袭对手之嫌，是这样吗？贵公司跟某企业的竞争会越来越白热化吗？贵公司会不会从对手那边挖人才呢？"这些简洁而又犀利的问题，在有限的时间内，在公众的期待中，在媒体的追问下，该公司老总并没有太多的选择，而只能审时度势地回答是或不是，会或者不会。该记者在有限的时间内，问出了最多的问题，当然也得到了相对多的信息。这样，不仅自己通过提问来获得尽可能多的信息，同时也为自己和对方节省了不少的时间，做到了沟通中的双赢。

封闭式的问题提问简洁、答案清楚，又节省时间，即便是在调查问卷的形式下，文化程度较低的调查对象也能较好地完成，多数回答者比较乐于接受这种提问方式，因而问题的回答率较高。尤其在一些特殊场合，对于一些敏感的问题，采用封闭式的问题提问，往往比直接用开放式问题更能获得相对真实的信息。

某国有一明星因酒后驾车肇事而致人重伤，伤者在医院重症监护室观察治疗。在伤者家属对明星提起诉讼后，明星也只好硬着头皮来应诉。为了减轻他的刑罚，明星不惜重金请了当地最有名的辩护律师为自己做无罪辩护。就在被告方律师侃侃而谈自己的代理人如何极力地踩下刹车，对方伤者如何不遵守交通规则而导致车祸发生的陈述时，原告一方的律师只是静静地听着。待被告方律师陈述完毕时，原告律师不紧不慢地向法官走去，递上自己的陈词，片刻之后，表情严肃地问法官："难道您会让这样危险的罪犯逍遥法外吗？难道一些名人因为得到了好的律师辩护就应该免于责罚吗？"字字铿锵有力。就在法官犹豫不决的时候，台下的一位教授愤然起立，对着法官义正词严地说道："法官大人，您难道不认为这并不是该不该判刑的问题，而是判多判少的问题吗？"

顿时，全场安静了下来，过了一会儿，全场旁听者起立，为教授的大义凛然而鼓掌，这掌声的背后，实际上是教授的正义，是人们对违法行为的不齿和痛恨。

就在法官犹豫的时候，旁听的教授用一个正义浩然的封闭式问题一下子把现场的矛盾解决了。对啊，人们此时才恍然大悟，为什么我们一开始就陷入了被告律师所设计的无罪可能性的圈套，而没有想到，这其实真不是该不该判刑的问题，而应该是判多判少的争议。一个封闭式的问题，瞬间把人们不解的问题解决了，而且省去了很多所谓有罪无罪的争辩，不仅节省了时间，而且还为正义作出了简洁而有力的诠释。

通过这个例子我们发现，很多时候封闭式问题解决的不仅是时间的问题，而且会以直截了当层次分明的方式让我们在沟通中得到我们想得到的信息和达到我们的目的，与其说节省了时间倒不如说提高了效率，毫不含糊地明辨了是非。所以，巧妙地运用封闭式的问题，不但有事半功倍的效果，有时往往还会有意想不到的惊喜和收获。

于问询之中掌握完整的信息

在管理学中，上下级的沟通很多时候是通过问询来进行的，领导对下属布置任务完成情况的问询，对公司相关运行情况进行询问，下属在得到领导布置的任务后对任务的具体执行力度和程度的必要问询，员工与客户的交流问询来了解客户的服务需求等，都体现了问询作为沟通的一种有效形式的重要性和必要性。很多时候，员工与领导的沟通并不是缺少问询，而是在问询中缺乏必要的问询方式技巧，导致不能得到完整地交流信息，从而使得员工在执行力上欠缺火候，给企业带来不必要的损失。那么，为避免在问询中产生信息遗失和交流错位，怎样在日常问询过程中尽可能地获得完整的信息从而为高效执行铺平道路呢？

首先，要明确什么是完整的信息。信息，顾名思义，广义上说是指人类社会传播的一切内容。人们往往是通过获得和识别自然界与社会中的不同信息来区别不同的事物，继而得以认识并且改造世界。在一切的通信和控制系统当中，信息则是一种最为普遍联系的形式。

如在职场谈判中，通过问询来获得对方的完整信息，从而了解对方的需求，更好地促进谈判的进行，从而使己方在谈判中抢尽先机占据优势。这里说的谈判是指狭义的谈判，是指那些在正式场合下的谈判。通过谈判这种问询形式，了解对方的意图，获取自己的所需信息。谈判过程中，发问人通过问话，希望对方提供自己不了解的情况来满足己方对相关信息的把握和认知，从而在谈判中知己知彼，占据优势地位。例如："这档货你们能出多少钱?""你们对这样的价格区间是怎么考虑的?"这类问询总结起来，无外乎都有常见的、典型的引导词，如

“谁”“多少”“什么时候”“怎么考虑”“哪个方面”“是不是”“会不会”“能不能”等。提出这类问询时，如果不事先把问询的意图表明，极有可能引起对方的不安与焦虑。具体到对某件货物的定价谈判上，如果买方在提出了自己对价格的意图后，再询问卖方的意见，那么卖方心里就会有底，他会根据对方所提供的信息，斟酌自己的回答来定价。但如果双方都没有讲述自己的观点，只是一味径直地询问对方要开什么价格，那么，双方很可能都因为有些担心和焦虑而放弃交易，因为各方均不知道对方是怎么想的，会对自己预期的开价做出什么样的反应。所以，职场谈判中，少了必要的问询过程，那么双方的意图和想法就难以得到完整的反映，那么双方的交易就会因为信息完整性的缺失而不欢而散。所以，问询的过程，不仅是必不可少的，而且要在问询中尽可能掌握足够、完整的信息，从而为交易的正常进行奠定良好的基础。

其次，要清楚在问询中如何掌握完整的信息。这就要求我们在问询方面下功夫，简而言之就是要清楚什么要问，什么不需要问，什么应该问，什么必须问。这在问询沟通之前就应该做到心里有数，切忌眉毛胡子一把抓而丢失重点。

有一位表演大师在上场之前，他的徒弟告诉他鞋带松了。大师微笑着点头致谢，并且马上蹲下来仔细地系好。但是等到他的弟子转身之后，大师却又蹲了下来将系好的鞋带重新解松了。

旁观者目睹了这一切，不解地问道：“大师，您为什么要将您的鞋带解松呢?”大师认真地回答道：“因为我今天所饰演的角色是一位劳累的旅行者，是因为长途跋涉才使得他的鞋带松开，我想可以通过这个细节去更好地表现出他的劳累憔悴。”

“那您为什么不直接告诉您的弟子原因呢?”旁观者问。

“我一定要保护他这种热情的积极性，他能够很细心地发现我的鞋带松了，还非常热心地告诉了我，我必须及时地给他鼓励，至于我为什么又要将鞋带解开，将来教他表演的机会会有很多，我完全可以下一次再说啊。”

这个言简意赅的小故事告诉我们，人一个时间内只能专心做一件事，在做事的过程中懂得抓重点，才是真正的人才。弟子的好心在这里反而显得多余了，因为他不知道师父这次所扮演的角色是什么，从而盲目地提出意见，而智慧的师父了解弟子的好心，但依然要按自己的方式来表演，只有这样，长途跋涉的旅者的劳累方可显现出来。弟子的好心不能说是错误，但至少在这里是不合适的，他的不当就是只看到了师父的鞋带开了，而不知道这次表演的重点是师父的憔悴旅者角色。

缺少问询会让我们丢失重要的信息，同时问询不当也会让我们得不到完整准确的信息而带来不必要的麻烦。所以，在问询沟通中，无论是管理者还是下属人员，都要对自己将要沟通的内容了然于胸，在问询中抓住重点，一针见血地发问，一语中的的回答，这样才能确保在问询中获得完整信息，为下一步的高效执行奠定基础。

不利于收集信息的提问方式

在我们的日常工作中，很多时候需要通过发问来获得信息，了解客户的需求，为客户提供服务。所以，提问有时候会成为我们获取信息重要且快捷的渠道，可是，职场中常常有许多人由于不懂得如何发问、怎样发问等原因而得不到相关的信息，从而看似跟客户聊得很投机，实际上却离通过交流来获取信息的核心越来越远。在一遍遍的发问中失去了交流沟通的好感，也失去了收集信息的机会。

那么，什么样的提问方式不利于交流沟通，不利于信息收集呢？下面我们来大概盘点一下那些不受欢迎，从而不利于收集信息的提问方式。

第一，切忌以我为主滔滔不绝而忽视了对方的存在，在提问的同时也要学会聆听。作为交流的双方或多方，一方的提问与回答应该是彼此呼应的，而不是某一方一头独大，一方提问或说个不停。在自己提问的时候也要考虑到周围人发问的渴望与感受，自己的问题提完后，给对方或其他方以充足的时间来回答，也给他们足够的时间来发问，提问有来有去，你来我往，才能尽各方的才智和能力，才有可能得到更加全面更加准确的信息和反馈。如果仅仅是一方滔滔不绝，势必会形成曲高和寡之后果，不但继续交流难以为继，同时也得不到任何有价值的信息。

第二，切忌主动关闭自己的开放式问题。很多人都有这样的经历，本来一开始你问了一个很好的开放式问题，问完之后你在等待对方的回答，而这时对方的回答可能对你很有帮助，兴奋之余，脑袋一热，你却迫不及待地提问了一个新的封闭式问题，这个新问题一下子把对方对上个问题的兴致和见解全给封上了，硬生生顶了回去。这样画蛇添足的发问不但不利于信息的收集和反馈，反而会打乱自己对之前信息的总结与归纳，得不偿失。

某集团服务人员的发问："张总，您今年的重点工作在哪里？"单看这个问题，可以使我们了解服务对象考虑的重点与自身所能提供服务的关联性，张总的下一句回答可以帮助我们下一个问题的发问，或者是确定下一步发问如何进行。但如果在这个时候，对方还没有回答第一个问题，服务人员又紧接着问第二个问题："是生产还是销售？"这就好比本来我们已经把交流的大门打开，而对方也马上准备进来了，没想到的是我们随后又立刻把门关上，对服务对象说，请走下一扇门。大家觉得这种效果会好吗？结论是显而易见的，所以，当我们在提问时，要给每一个发问以充足的时间，同时也给对方以充足的回答时间，好让问答继续顺利进行。

第三，切忌问题连连，提问间隙要留有充足时间，给对方以思考。尤其在电话交谈中，这种现象很普遍。在与对方的电话交谈中，偶尔会出现短暂的沉默。比如，服务人员会问道："李先生，您仔细考虑一下，如果这种情况持续下去的话，会给您的工作和生活带来什么样的影响?"你在等待对方的回答，但对方并没有像你想象的那样马上给出答案，而是出现了一段时间的沉默。这时候，人人都不喜欢沉默，因为一旦有沉默发生，总有一方力图打破这种沉默的尴尬，这时服务人员可能又要发问了，因为服务人员担心这种不确定的沉默是否会影响到公司与客户的关系。当然，长时间的沉默确实会让人感到有些难堪和不自在。但我们应始终记住，在向客户提出一个问题后，每个提问者确实有必要保持一小段时间的沉默，换位思考一下，原因很简单，因为并不是你提问的每一个问题，对方都愿意马上回答或知道如何回答，对方也需要足够的时间来思考你的问题，同时组织自己的语言来给出比较满意的回答。

有个朋友讲过这样一段经历。有一次，一个客户在电话里突然问他："你们还可以给我多大的折扣?"这个做电话销售的朋友停顿了一下回答道："不好意思王总，这已经是我们给出的最低折扣了，如果您订货，我现在就帮您下订单，好不好?"接下来就是一段难熬的沉默，电话两头的双方都不再说话，就在我的朋友有点坚持不住要继续发问的时候，电话那头的客户松口了："好吧，下单子吧。"

其实，换做我们，我们也会像那个客户一样，当时是一种复杂的心理。如果你给对方以充足的时间来思考，相信对方会作出正确的选择。

所以，提问之后，我们不妨等一等，既为我们的下一步行动做好安排，也给对方以充足的时间来考虑成熟。

第四，切忌在提问过程中自己回答自己的问题。在我们对服务对象提出问题之后，有时候很有可能我们就想当然地说出了自己心里认为的答案，帮对方回答了自己的问题。如，很多服务人员在面对业绩下降时都会这样问："马总，贵公司的销售额持续下滑，对您的工作会造成什么样的影响？"这是一个不错的暗示性问题，发问的目的是激发对方的斗志和战胜困难的勇气，但如果我们接着说："肯定会造成非常不好的影响。"这种情况在很多服务人员的身上都发生过，尤其很多销售行业的人员都有过这样的经历。自问自答的结果导致其不仅占用宝贵的电话沟通时间，同时也阻止了对方自己发现自己不足的可能。这样收集到的信息有失公正性和真实性。

总之，在与别人交流的过程中，通过发问来收集信息不失是一种信息搜集的有效方法，关键是在提问的时候能否做到适时提问、适度提问。掌握了提问的合适时机和方法往往会使提问者收到事半功倍的效果。

点睛结语：

在与人沟通之前，先问问自己了解对方的需求吗？作为管理人员如果不能够很好的掌握沟通对象内心所需，即便你说再多也是不会得到对方的认可。因此，把握对方的需求从询问开始。询问也是讲究方法和技巧的，比如开放式询问、封闭式询问等。询问的目的是为了能够更多更完整地搜集有用的信息，当信息搜集到一定程度，便能够达到有效沟通。在询问的过程中，掌握有效的信息，才能够明白对方的内心世界。

第六章
回应的技巧
——沟通中的积极反馈

认识完整且有效的沟通过程

沟通被视为人类社会中最基本、最重要的活动方式和交往过程之一，它不仅在管理学的领域当中占据不可替代的重要地位，而且它在人类的其他的行为活动中也同样扮演着一个十分重要、不可或缺的关键角色。人类社会及社会中的任何一个机构和组织，都是由两个或多个个体组成的一个共同体，而沟通和交流是维系这些共同体存在、发展、进步的不可或缺的重要方式和手段。同时，沟通也是提高组织效率，获取准确信息等目的的重要途径。可以说，普天之下没有不需要沟通的组织。没有沟通，既不会产生人与人形成的社会共同体，没有沟通，也就不可能促进这些共同体的不断进步和发展。

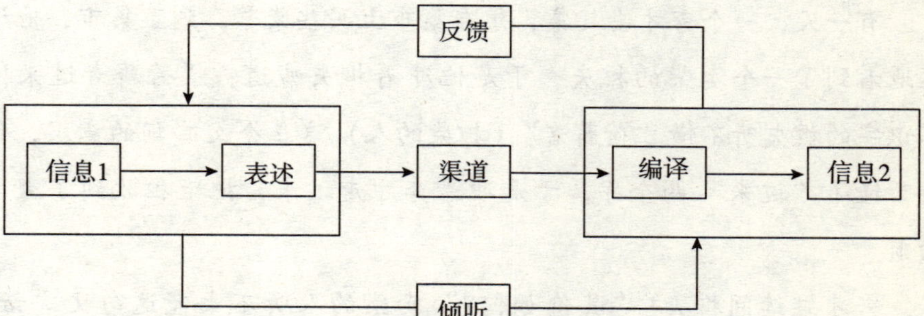

一个完整、有效的沟通过程

不仅在管理学中，就在我们日常的生活中，人与人之间的沟通，组织与组织之间的沟通都无可争辩地说明了沟通在人类社会中无可取代的重要作用，尤其处在当下这样一个经济、科技等各方面都迅速发展的新时期，各种形式媒体的出现，各种资源的互通，更加凸显了沟通在生活和学习中的重要性。那么，什么是沟通？怎样才能进行完整且有效的沟通呢？

首先，我们需要了解什么是沟通。从广义方面来讲，沟通是人与人、人与群体之间思想与感情的传递和反馈的一个过程，以求思想能够达成一致和感情交流上的通畅。从交际学的角度来讲，沟通还可以被理解为：是为了一个既定的目标，把信息、思想以及情感在个人或者群体之间传递，并且达成共同协议的一个过程。交际学意义上的沟通主要包含三大要素：第一，要有一个明确目标；第二，达成共同协议；第三，沟通信息、思想以及情感。而从管理学方面来看，沟通在管理学中所具有的功能主要包括：信息传递、情感交流、控制与支配功能。什么是一个完整的沟通过程？这个过程最起码应该包括信息的发送、接收及信息的反馈这三个步骤，在某些必要的时候还会增加信息的加工与改进这两点。而那三个基本的步骤是缺一不可的，缺少任何一点就算不上是沟通的完成。

有一天，一个秀才去赶集，想在集市上买些柴草，到了集市，他远远地看到了一个卖柴的樵夫，于是他冲着樵夫喊道："荷薪者过来！"不识字的樵夫听不懂"荷薪者"（担柴的人）这三个文言词的意思，但是听懂了"过来"两个字，于是冲着秀才走过来，把柴担放到了秀才面前。

秀才继续问樵夫："其价如何？"卖柴的人听不太懂这句文言话，但是听得懂"价"这个字，于是就告诉了秀才柴的价钱。秀才上下打量了一番这担柴，接着说道："此外实而内虚，烟多而焰少，望损之（你的柴火外表是干的，里头却是湿的，燃烧起来，会有很多浓烟而火焰较小，希望你能便宜点价钱）。"这次，樵夫愣了一下，由于听不懂秀才酸酸的文言，于是担着柴就走了，留下秀才一脸茫然地待在原地。

这个小故事告诉我们，在日常沟通过程中，信息的发送、接收和反馈是缺一不可的，如果缺少了其中的任何一环，沟通都无法完成，甚至会给自己带来不必要的损失。秀才由于自身的原因，在和樵夫沟通的过程中始终使用文言语句，这虽然使得信息得以发送，但是并未接收或并未完全被樵夫接收，如果说前两次樵夫接收到了部分信息还可以使得沟通继续进行的话，那么，接下来的所谓沟通就完全变成了秀才的独角戏，由于樵夫的文化水平有限不可能听得懂秀才文绉绉的文言，所以，沟通到这里由于樵夫的不能接收信息而使沟通过程实际上已结束，最终以失败告终。所以，日常沟通过程的三要素缺一不可，否则会导致沟通无法继续进行或归于失败。

其次，在沟通过程的三要素都具备的同时，怎样才能不但完整而且高效地完成沟通过程呢？我们需要在沟通中做好以下几个方面的工作：第一，沟通前要有充足的准备和明确的目的，沟通之前要想好谈什么，怎么谈，哪些一定要谈，哪些可谈可不谈，带着明确的目的来沟通；第二，沟通的过程中要有诚意，以自己的真诚取得对方的信任并建立好感，帮助沟通的进一步进行；第三，尽量做到平行平等沟通，即双方处于平等的地位而展开沟通，切忌地位的不平等，同时尽可能地谈论组织中的同一层次的问题和信息，避免因层次的不同而产生沟通的错位。

无论何种沟通，沟通的完整过程都缺一不可，在沟通过程完整的同时，如果我们能再多花一点时间在提高沟通的效率上，日复一日年复一年，那么，完整且高效沟通的过程会逐渐成为一个习惯，一个使沟通者终生受益的良好习惯。

积极反馈营造出健康的氛围

作为沟通过程的重要一环，反馈是一个沟通过程的结束，同时也是下一个沟通过程的开始。一次沟通的成功与否很大程度上取决于最后的反馈是否有效、积极和及时。积极有效的反馈，不但可以给某一次沟通过程画上一个圆满的句号，同时也可以给沟通双方营造一种健康和谐的沟通氛围，为下一次的良好沟通打下坚实基础，长此以往，就会形成良好沟通，积极反馈的良性循环，从而促进沟通的正常有序进行。尤其是在各种媒体日益发达的情况下，积极的反馈不但可以让进一步的沟通畅行无阻，同时也会营造出健康积极的氛围，为良好的沟通机制的建立作出贡献。

积极的反馈，先要求反馈要及时，拒绝面对质疑遮遮掩掩，顾左右而言其他。在管理学中，尤其在处理公关危机的情况下，一次及时的反馈胜过千百次苍白的表态和承诺，所以，在日常沟通中，无论是面对质疑也好，还是面对奖励也罢，都应该及时地给对方、给公众以信息反馈，让对方知道自己已经做过什么，现在在做什么，接下来怎么做等。

一次，一位美国知名记者出差来到日本东京著名的某百货公司。她买了一台“索尼”牌唱机，准备作为见面礼，送给住在东京的好朋友。货架前售货员彬彬有礼，得知她的用意后，特地细心地为她挑了一台未启封包装的机子。

回到旅馆，该记者开机试用，却发现拿回来的机子内部没有装任何的内件，因而这个唱机根本就无法使用。她不由得火冒三丈，准备第二天一早就去该百货公司交涉，想着白天店里售货员诚恳的微笑，记者快速地写好了一篇名为《笑脸背后的真面目》的新闻报道稿。

第二天一早，就在该记者动身前往百货公司之前，忽然收到该百货公司打来的致歉电话，并恳请她在宾馆等30分钟。20分钟后，一辆汽车赶到记者的住处，从车上跳下该百货公司的副经理和一个提着大皮箱的职员，两人一进客厅便俯首鞠躬，表示特来致歉。除了给记者更换一台新的合格的唱机以外，又加赠蛋糕一盒和著名唱片一张。紧接着，副经理又打开记事簿，宣读了一份备忘录，上面清楚地记录了公司通宵达旦地纠正这一失误的全部详细过程。

听完之后，该记者恍然大悟，原来，昨天下午4：30清点商品时，售货员发现错将一个空心货样品卖给了顾客，发现失误后，该员工立即报告公司保安迅速寻找，但为时已晚，记者已无处找寻。此事引起公司的高度重视，经理接到报告后，马上召集有关人员商议对策。

当时只有两条线索可循，一是顾客的名字，二是该记者留下的一张“美国某报社”的名片。循着渺茫的希望，该百货公司连夜开始了一连串的行动：从头至尾一共打了32次紧急电话，向东京各大宾馆查询。在查无结果的情况下，该公司又打电话询问纽约“美国某报社”的总部，深夜接到回电，得知顾客在美国的父母的电话号码，进而得知顾客在东京朋友的电话号码。最后，功夫不负有心人，通过对记者东京朋友的询问，终于弄清楚这位顾客在东京期间的住址和电话。这一夜为失误而做出补救工作的紧急电话，合计35次。这一切使该记者深受感动，她表示将立即重写新闻稿，题目就叫做《35次紧急电话》。

该公司通过对失误行为的及时补救，避免了一场可能的公关危机，维护了消费者的合法权益，同时也用实际行动说明了自己克服危机、积极反馈的服务理念，使本来可能成为危机公关的行为马上转变成了成功的营销公关。

积极的反馈还要求反馈内容确切，反馈信息要准确，拒绝人云亦云，含糊其辞。确切、准确的信息反馈不仅是沟通过程中应尽的义务，同时也可以彰显出反馈方的诚恳态度和追求完美的努力。尤其在组织出现危机情况的时候，准确的信息反馈不但可以让公众了解事情的进展，同时也为其他方面的进一步行动指明了方向。

国内某饮料公司长期存在在饮料中加入添加剂的现象。直到有一天，某地杨姓男孩在喝过该公司的饮品后出现呕吐、头晕等症状。当孩子家长在了解到孩子在喝此种饮料前后并无其他食物摄入后，直接找到该公司服务部门，和其对质并要求赔偿。然而该公司客服部经理觉得这并不算什么大事，对家长的要求也并没有认真回应，而是一味地闪烁其词，说可能孩子吃过其他东西没有告诉家长，或是该男孩饮用的是过期产品，绕来绕去始终不敢正视饮料中添加剂的事实。国家规定，食品饮料添加剂在可允许的范围内是可以添加的，但不可以过量。该经理为了避开添加剂的话题找出了种种借口。最终家长无奈只好去做鉴定，而鉴定结果确实是由添加剂使用过量而导致某些人群产生不适症状。在事实面前，该公司不但出面道歉，同时给予家属赔偿。此后，该饮料的销售量出现了大幅下滑。

这不能不说是一个因为没有及时准确反馈而给企业带来损失的案例。如果当初该企业的客服经理给予该事件应有的重视，如果该企业面对危机能够准确地反馈信息而不是推脱责任，含糊了事，事情也许就会是另一种结局，而且可能会是积极的结果。

在工作中，面对各种危机和契机，我们都应该有积极反馈信息的态度和能力，积极反馈不但会让事情的真相公之于众，更重要的是也展现了组织、企业直面挑战，勇于承担的社会责任，久而久之，也会形成一种积极和谐的社会氛围，让积极反馈的正能量越聚越多。

正面反馈与建设性反馈并用

良好的反馈是有效沟通的重要一环，而良好的反馈包括两种，即正面反馈和建设性反馈。正面反馈就是在对方做出好的事情或者行为之时给予表扬，以此来鼓励好的行为再次出现；建设性反馈就是在对方做得不足的方面，向其提出相关的改进意见。一定要注意，建设性反馈仅仅是一种建议，而不是批评，这是非常重要的一点。

人们总是会最喜欢那些能够影响自己产生的正面反应不断增加的人，而最不喜欢的就是那些影响自己的正面反应不断减少的人。这在心理学被称为“阿伦森效应”。在管理艺术上我们可以利用这种效应，在激励员工时，应该给予更多的正面反馈。管理者与员工的沟通效果会影响到企业目标的实现。管理者在与员工交流时，除了表扬，批评也往往不可避免。通过案例可以得出，人们都倾向于别人对自己的正面评价不断增加，所以管理者应学会合理利用表扬，有意识地增加对员工的正面反应，以此激励其不断进步。

批评鼓励与表扬相结合才是科学有效的管理过程，管理者要以更加客观的眼光去看待自己员工的行为，并且有能力做出一个公平、公正的评价，而一味地批评或赞扬都是不可取的，管理者应该有能力在批评的同时也指出对方的优点以指引其进步，更应该给予真诚的鼓励。管理者还应定期听取员工的意见与建议，改正自身不足与偏见，以创造更好的沟通氛围。

阿伦森是美国著名的心理学家，他做过的一项著名的实验去例证正面的反馈更加有利于高效地去激励员工。

阿伦森把找到的80名在校的大学生分成四组，每组被试验的学生都有7次机会去听取其中扮演评价者的同学对他们各自的评价。

所分的这四组的评价方式都不尽相同：第一组被称作贬抑组，这就意味着七次评价全部都只是提出被试者的缺点而不说其优点。第二组被称为褒扬组，也就是说对这组的学生只提及其优点而不说缺点；被称为先贬后褒的第三组的前四次评价是缺点，而后三次则评价其优点；第四组也就是先褒后贬组，前四次评价其优点，后三次提出其缺点。

得出的结论揭示出一种被称为“阿伦森效应”的心理现象：人们喜欢的是对自己正面反应不断增加的人，讨厌的是那些对自己正面反应不断减少的人。被测试的同学听完了对自己的评价之后，结果自然是第三组同学最喜欢扮演评价者的同学。

当然，对对方全是正面反应的话，也不会让对方多么喜欢你，因为这样很容易让人感觉你的话不真实或者在曲意奉承对方。

做人做事一定要注意客观性，在激励员工方面应该不断地有意识地增加对员工关于正面的反馈和评价。也许会认为员工的素质和能力不及自己，也或者完全好意出于对员工的严格要求，促使员工进步，但管理者不应该养成一味地去反馈消极的信息，养成经常去批评和指责的坏习惯，因此，管理人员应该经常性地去校正自己对他人的看法。在发现了问题的同时，更要有意识地去发现别人的优点，感受到别人的进步，并且及时给予正面反馈。即使在不得不去批评时，也应该做到在批评的同时，能够给他人以客观的肯定和诚恳的鼓励。

他人对我们自身表现与行为的一种信息反应就被称作反馈，这种信息的反应能够令我们自身深刻地感受到并且予以重视。反馈是普遍存在于人际沟通当中的，字体、文字、语言、表情体态、语气语调等凡是我们能够从对方那里感知的，都构成了信息的反馈。

为什么同样是信息的反馈，有些能使对方的心境“如沐春风”，而也有些则会使他人深感“挫败沮丧”？这是因为在人们作出反馈的时候，并不是单纯地“就事论事”，而是常常按照自己本身的价值观以及行为方式给予对方多个层面的“总结”，这些层面包括“态度”“为人”甚至“人格”等。

那么，什么才是所谓的建设性的反馈？以一个部门的员工对上司迟交报表为例。

经理对员工江南迟交报表深感不满，想就此谈话，但是以下两种表述方式有可能产生出不同的效果。

第一种

经理："江南，你的工作态度我真是不敢恭维，我感觉近来你对工作的积极性也不高，为什么给我的报表总是拖延不交？"

江南："经理……"

站在员工江南的立场上考虑，想必你也一定会有体会，此时江南的回答必然会围绕着"不是我工作态度和工作积极性的问题"而进行大量的、激动的、有理有据的，甚至会是历史回顾性的"自我辩护"和"推脱责任"。然而，去浪费时间听这些与解决问题毫不相关的内容，是这位经理此次谈话的目的所在吗？

第二种

经理："江南，我去查看到部门的统计汇总表，发现近来两周你所负责的区域都没有显示数据。是不是有什么困难？我们可以一起来研究一下。"

江南："经理，我感到十分抱歉，是我的报表晚交了，我一定尽快补上……"

我们经过分析经理的两种表达，很显然，后一种表达更加容易达到预期的目的，能够进一步地提出希望对方改进自己并不满意的行为。可以说第二种表述是善意而非攻击性的，相对于前一种方式，第二种方式更容易促进彼此之间沟通的有效进行。而第一种方式的表述，强调的是经理自身对于对方的感觉，直接给对方"判了重刑"，如此，更加容易使得对方产生逆反的心理，更多的时候引出的是争议或者是抗拒，这并不是建设性沟通。

所谓的建设性反馈，就是根据某种固有的客观标准去提供关于人们一切的表现和行为的信息，并且通过这种方式可以有效地使人保持一种对自身及自身工作的积极态度。Roland Bee（英国人力资源管理专家）指出："反馈从客观的角度讲就是一个学习的过程，也就是说当你积极地做出反馈的同时，你也就是正在帮助他人去学习一种新的知识和技能，也或许是在帮助他改进其自身的行为和表现。"建设性反馈能使得信息的接收者"好上加好"，亦可以使得接收者达到闻过则喜、主动改进的一种效果。由此我们不难看出，解决问题、冲突并且提出改进建议等场合是建设性反馈应该较多运用的地方。

我国是一个很重视语境的国度，讲求接收者要根据语境去综合分析和领会讲话者真正含义，即"说要模糊，听要具体"，也就是人们所说的说者留有余地，听者心领神会。这种文化传统对建设性反馈在管理上的有效应用，起着重要的作用。尊重对方心理感受和就事论事的直截了当这两者如何辩证使用，常常是我们沟通中的难点。对此，经理人需要反省，并调整自己的沟通策略。

随着信息社会的到来，能够拥有一个宽松、舒适的工作环境以摆脱办公及管理体制的束缚是员工们越来越希望得到的。但是不能否认的是与之相反的，管理人员基于企业效益等诸多方面的因素去考虑，他们更加希望能够牢牢抓住员工。如此一来，管理人员除了观念的革新，重新塑造形象的同时，唯有从"软"处着手，切实地去研究他们与自己员工个体的服务距离。要想符合新时期对管理的改革要求，就必须要实现正面反馈与建设性反馈并用。

给予反馈——针对需求具体明确

反馈又称回馈，它是沟通过程中很重要的一部分。反馈是在沟通过程中，信息接收的一方向发出信息的一方做出回应的一种行为。从控制论的角度去分析，它同样也是其中的一部分，他是将某个系统的信息输出端返回到输入端，然后再以某种不同的方式去改变输入，进而达到影响整个系统功能的一个过程。

而需求则是指人们受到了欲望的驱使，做出有条件的、行之有效的，同样也是最优的选择，而这种选择会使得欲望可以达到有限的最大程度的满足。

从管理意义上讲，反馈必须与需求相对应，信息反馈是沟通的重要部分，是实现控制的手段，要想提高系统的功能，进行的反馈必须满足相关需求，这样方能最大量的提高管理效益。就像经济意义中的需求一样，如果生产厂家生产的商品不能满足消费者的需要，那么这种商品就是无使用价值的，无法为企业带来经济效益甚至导致企业无法持续经营。因此，需求很重要。而反馈作为提高系统功能的手段，必须做到了解需求，根据需求给予反馈。

信息发出者的表达和信息接收者的倾听以及信息接收者对信息发出者在信息上的反馈是一个完整的沟通过程所涵盖的内容。怎样才能实现信息传递的目的？通过反馈，只有获得反馈信息才能使得整个的信息传递过程完整。

沟通是一个双向的过程，沟通的目的是使自己的意思得到传输并使对方理解，因此沟通需要反馈。通过反馈使沟通更有意义，实现沟通的价值。然而不反馈是沟通中常见的问题，许多人误认为沟通就是“我说他听”或“他说我听”，人们往往在意的是信息的发出和接收，却常常忽视信息的反馈环节。然而这种“不反馈”往往就会直接导致两种恶劣的问题：第一种是，信息的表达者并不十分了解信息的接收者是否已经准确无误地接收到了所发出的信息。例如，在沟通时我们经常遇到一言不发的“闷葫芦”，如此一来信息发出者所表达的信息往往也就“石沉大海”，毫无音讯了。第二种是，信息接收者无法及时澄清以及确认自己是否准确地接收了所传递的信息。

要想顺利地进行有效沟通，反馈机制是必要的，这就需要我们能够精准地了解如何才能更加有效地给予反馈，而所谓的“技巧”就是以对方的需求为基准的，即要站在对方的立场与角度上去进行反馈，所给予的反馈全部都应该针对对方最为需要的方面。如果只是反馈到第一个方面那么就是对对方需求没有很好的了解，由此可能会导致反馈效率的低下，甚至导致反馈的失败。

同时，对于给予对方需求的一系列反馈同样也应该是具体的，明确的。如果无法做到对其反馈的具体性和明确性，就不要妄想去准确理解其表示的意思，从而有效反馈更加无法进行，进而就会影响到整体的功能性。下面以两个例子来说明给予具体、明确反馈的重要性。

情景一

某公司市场部王经理对于人力资源部做出的工作反馈。

不合理的反馈：“刘经理，难道给我们招一些合适的人才就那么难吗?”听过这句话我们的感觉就是充满了不满，带着强烈的抱怨情绪，并且这种表述根本不具体，对于解决问题也毫无益处，更容易伤到彼此的和气。

合理的反馈：“在这周的面试中，共有25个人参加，其中有6个人通过面试，还有8个人对我们提供的薪酬表示不满意，5个人认为我们所提供的这份工作对他们的职业发展并没有大的帮助，另有几个人还在犹豫，表示需要有考虑的时间。”

这样的表述方式相对于上面更能说明问题的具体情况，大家能够围绕所提出的问题以及问题发生的原因进行分析讨论，得到更好的结果。

情景二

某公司市场部王经理对于人力资源部的工作做出的反馈。

不合理的反馈："小刘，你所做的工作真是太重要了啊！"如果以这种方式去表述，会很难给对方留下深刻的印象，因为这句话非常空洞，对方根本无从知道自己的工作重要在了什么地方。

合理的反馈："一般的客户都会特别重视我们报告的外观，因为报告外观使他们产生了对我们公司的第一印象，外商对我们工作的品质和效率也是常通过报告的装帧来判断的。因为我们做的这份设计，公司能够更加有力地去争取外国公司的巨额投资。小张，你所从事的工作真的非常重要。"相对于上一种反馈，这种反馈就显得更加详细清楚，而不是干巴巴的说教，所以如此的反馈方式更加能起到事半功倍的效果。

对于他人的观点的全盘否定的批评并不仅仅是向对方泼出冷水，而且这种方式产生的效果也相对更加容易被他人所遗忘。若在企业中，员工很可能会对这种严厉批评的意见表现出不屑一顾的态度，原因是与过分严厉而缺乏人情味的上级根本就无法进行有效的沟通。而与之相反，如果经常赞扬员工在他所从事的工作中所展现出的积极的一面，并不失时机地对其需要改进的工作提出合理的、具有建设性的建议，这种方式会更容易使得员工能够心悦诚服地去接受。因为对于大多数的人来讲，赞扬和肯定远比批评更具有力量。

正确做到沟通实现信息反馈还应该做到以下几点：首先就是正面、具有建设性的反馈。其次应该对事不对人，提出反馈意见应该是就其事实的本身所提出的，而不能针对某个人。最后，应该将问题反馈的焦点集中在对方可以为之改进的方面。

接收反馈——真诚耐心、避免自卫

众所周知，在日常的沟通中，信息反馈作为沟通的重要因素，不仅体现了沟通过程的完整性，同时也标志着一个沟通过程的结束，那么，作为沟通的一方，在接收到对方信息反馈后应该正确恰当地对待信息反馈，避免因固有成见或逆反心理而带来的交流自卫，因为这样不但不利于交流沟通的正常进行，反而可能会因为没有正确处理信息反馈而带来不必要的损失和麻烦。所以，在接收到对方的信息反馈后，我们要有正确的态度，要真诚耐心地接受反馈，避免因自卫心理而带来的交流障碍，从而促进新一轮沟通的正常进行。

管理学中常提到的“企业管理”中的“管理”这个词可以分为两部分来理解：“管”字，顾名思义，代表的是一种约束，而“理”字是指协调沟通，所代表的更多的是一种变化。以上两者是辩证统一的关系。“管”主要在理论上，强调对被管理者的约束行为，而“理”则主要是体现在实践中，表现为如何灵活地运用理论，它还是一种管理智慧的体现。所以，在职场的交流沟通中，既要懂得约束的艺术，又要做到沟通的耐心与真诚。

不可否认，在接收反馈时，耐心倾听不失为一种智慧的选择和行为。在与人的沟通过程中，必要的提问发言是不可少的，但同时在接收到对方的反馈时，耐心的聆听显得更为重要和可贵。

美国前总统亚伯拉罕·林肯任职总统之前曾经做过律师。他接手的第一个案子，是一个名为盖瑞的年轻人被指控于1837年8月9日的晚上的野营布道会上用枪杀死了伍德，另外也有目击证人苏维恩。林肯作为被告盖瑞森的辩护律师，开始的时候他在法庭上一直是一言不发，直到听完了目击证人苏维恩的证词，待到法庭逐渐平静了下来，林肯才缓缓开始了他的提问。

林肯：“在看到枪击之前你与伍德在一起吗？”

证人：“是的。”

林肯：“你站得非常靠近他们吗？”

证人：“不，约有20米远。”

林肯稍微沉默了一会儿，继续问道：“你一开始不是说10米吗？”

证人犹豫了一下，又接着说：“不，有20米或更远。”

林肯：“在宽阔的草地上？”

证人：“不，在林子里。”

林肯：“什么林子？”

证人：“榛木林。”

林肯：“在8月里，榛木林的叶子很密集吧？”

证人：“是的。”

林肯：“你认为这把手枪就是凶手当时用的那把吗？”

证人：“看起来很像。”

林肯：“你能看到被告开枪射击，那么能看到枪管的情形吗？”

证人：“是的。”

林肯：“这距离布道会的场地有多远？”

证人：“750米。”

林肯：“灯光在哪儿？”

证人：“在牧师的讲台上。”

林肯：“有750米远吗？”

证人：“是的。我已经回答你两遍了。”

林肯："你是否看到伍德或者盖瑞所在之处有烛光？"

证人："没有，要烛光干吗？"

林肯："那么，你是怎么看到的这起枪击事件呢？"

证人："借着月光呀！"

林肯摆出了一系列的时间、距离等方面的数字，并且询问目击证人看到的一切是否都是凭借着月亮的光亮，在离营地几乎一里开外的灯光下看到了枪击。证人做了肯定的回答。

在听完了证人的回答后，林肯不紧不慢地从大衣的口袋里拿出了一本天文历，高声说道："这本天文历可以证明在1837年8月9日的那天晚上根本就看不到月亮，月亮是在第二天的凌晨一点才升起的。"

毫无疑问，林肯帮被告打了一个漂亮的翻身仗，彻底打赢了这场官司。林肯为何能够打赢这场官司？如果换做你是这个案件的目击证人，应该如何去应对林肯一系列的提问呢？可见林肯是在耐心而认真地倾听之后，紧密结合自己所掌握的资料，从而找出了证人在证词中一系列的致命漏洞。

也许林肯在提问的中途就已经发觉了证人是在说谎作伪证，他也并没有因为证人的谎言和不良人品而情绪失控，林肯不紧不慢且有条不紊地询问完了所有问题之后，再成功地运用一系列问题的提问，证人被引导的无法自圆其说，最终导致证人证词被宣布无效。

由此可见，面对种种复杂的反馈信息，首先要能沉得住气，善于聆听，重视倾听，要有足够的耐心来倾听对方的完整反馈信息，然后再对信息作进一步的加工与处理，以期达到自己的目的。这样，不但使自己的修养逐渐提高，同时也会给组织带来意外的收获。

在善于倾听的同时，对接收到的反馈我们也应该以一颗真诚之心待之。我们在沟通中接收到的反馈大体可以分为两大类：一是正面的反馈，二是批评性或建议性的反馈。无论哪种反馈，我们都要尽量做到坦诚相见，真诚以待。那么如何做到呢？笔者以为应该遵循以下几点：首先要耐心地倾听对方的反馈信息，没有特殊情况不打断对方的发言；其次要坦诚相待，避免自卫，这是指自己在接收反馈时要虚心地接受对方提出的信息反馈和意见建议，避免因听到一些不想听或不利于自己的言辞而可能会出现的抗拒心理，避免因个人的好恶而对反馈信息做人为的删减和修改；最后，接受到对方的反馈信息后，还要真实坦诚地表明自己对该事情的态度，大家以诚相待地交流与沟通，开诚布公地各抒己见，避免因为一些琐碎的事情而争论不休。

沟通不是一个简单的行为或目标，而是一个完整的行为过程。尤其在管理学中，沟通对于每一个管理者来说，无处不在，如影随形。而对沟通过程中反馈信息的恰当、高效的处理，不仅促成了一次沟通过程的完满结束，同时也预示着下一次良好沟通的开始。

点睛结语：

不管是谁和谁的沟通，都需要拥有一个完整而有效的沟通过程，只有完整的沟通才能够让所要表达的意思更好地表达出来。在沟通中，要积极营造出沟通氛围，给沟通创造融洽的沟通环境。同时，了解正面反馈与建设性反馈的含义，已达到正确运用。在沟通的过程中，应该明确沟通的目的，给予反馈，接收反馈一定要真诚，耐心地避免自卫心理的产生。在管理过程中，不仅要估计到别人的思想，更要察觉对方的心理变化，避免出现抵抗心理和自卫心理。

第七章
肢体的妙用
——善用肢体沟通到位

沟通表达的三要素密码解析

沟通表达有三个基本的要素，即心态，关心与主动。其中，处在基本问题地位的是心态，基本原理是关心，而沟通的基本要求则是主动。在心理学范畴中，认同不仅仅是沟通的动力之一，也是直抵沟通双方心灵的元素，而要想做到认同就必须对沟通表达的三个要素进行详细的解析和完善的认识。

人与人的沟通，受到心态因素很大的影响。在工作中，良好的心态能够达成高效的沟通，也是沟通的基础。很多人简单地将沟通定义为说话、聊天、闲扯，实则不然，沟通不仅仅是聊天，更是一种充满技巧的内心活动，而心态是技巧的方向，如果方向出现了错误，再多的技巧也会变成徒劳。所以沟通的三个基本要素首要的便是心态。

既然心态在沟通中占有这么重要的地位，那么如何来理解与解决心态问题呢？理解心态就要避免自私心理的出现。因为自私就会自我，所以心态面临的第二个问题就是自我。当一个人因为自私变得自我，会在心态上出现很偏激的变化。由此可见，要想达到很好的沟通效果，应该避免自私、自我、自大的心态出现，做到平衡心态、平和待人。

一次在出差的路上，总经理的秘书小吴突发急性肠炎。总经理带他到医院，小吴觉得自己在家发生过此类病，当时是输液解决的，于是，他直接跟护士说："护士，是不是要吊盐水啊?"没想到那个护士的回答很轻松："想吊盐水那还不简单?"结果小吴就到药房去领药，领的全是盐水，足足有十四包，小吴感到很奇怪，又回去问那个护士说："护士，怎么要吊这么多盐水?"没想到护士的回答更出乎意外："你不是喜欢吊盐水吗?"

小吴此时才感觉到自己刚才与护士的沟通很不恰当，引起了护士的反感，他会想你是护士还是我是护士？其实这样的想法与做法就是自大和自我的表现。在人际沟通中，自大和自我往往会成为阻碍人们正常沟通的一块绊脚石，为人们前进造成许多的阻碍，使人本身的辨别力不够敏锐。

沟通除了需要正确的心态，还需要能够真挚地去关心别人。不管你的交流对象是谁，你都应该真诚地去关心对方的喜与悲，只有这样才能够让对方感受到你的真诚和值得信任，对方才愿意将更多有价值的信息透露给你。

当然，沟通的第三个要素是主动。如果你与别人的沟通永远是一种被动的局面，那么也无法做到高效的沟通。试想当一个人对你不了解的时候，他可能会不愿意和你进行更深层次的交流，而你如果要想从他那里得到更多的信息，只有主动地去和对方进行沟通。

王民上个礼拜和妻子去法国看望女儿。这是王民的太太第一次去法国，所以王民就带她去参观了卢浮宫。那天不知道什么原因，排队买票的人很多。

此时，人们发现不远处又新增了一个售票点，警卫人员负责地说道："各位，实在是对不起，前面恰好有三个观光团，所以我们动作慢了一点。现在已经通知那两个刚去吃饭的卖票人员了，他们马上就回来，希望大家少安毋躁！少安毋躁！"后来王民和妻子进到了温莎古堡去参观的时候，发现里面也有不少牌子，上面写的是：从这里到门口还有五分钟。这样做的目的就是为了告诉各位观光游客，千万不要太急！这样能够缓解游客排队买票的着急心理，这就是主动沟通的一种形式。

所以要想做到有效沟通，必须要做到主动沟通，这样不仅能够帮助管理人员管理好公司事务，也能加深与下属之间的了解。对待客户也能够应对自如，沟通就会顺畅，解决起问题来就会十分轻松简捷。

了解和分析沟通表达的三个要素，究竟有什么好处呢？第一，能够让更多的管理者了解到自身沟通中存在的不足，从这三个要素着手，进行有效沟通、有效管理。第二，沟通三要素是进行高效沟通的关键所在，达到高效沟通不仅有助于人与人之间的交往，更能够在短时间内获得更为有价值的信息。

掌握肢体或行为语言的含义

关于沟通的定义有很多，其中韦氏大辞典的定义最为精确：沟通是文字、文句或消息之交流，思想或意见之交投。沟通的方式也是多种多样的，途径也并不是单一的，在沟通中人们完全可以借助自身的肢体和行为进行辅助沟通，这样能够达到更好的交流效果。

沟通载体是语言系统和非语言系统。非语言系统即指用语言以外的信息进行交流，动作、符号、眼神、眼色、情绪、身体距离以及标志符号等。美国心理学家艾伯特·梅拉比安研究发现：沟通中的信息只有7%是语言传递的，而93%的信息是由非语言表达的。这句话表明感情的表达远远大于语言的表达，非语言信息的重要性可想而知。学习研究非语言信息，恰到好处地传情达意，准确地传递自己的思想、情感、愿望、态度等信息，对建立家庭关系、人际关系、工作关系，促成各方面和谐发展均有积极的作用。

要想更好地了解肢体或行为语言的基本含义，就需要对以下几种概念进行理解分析。手势，柔和的手势通常能够表示友好、商量，而强硬的手势则多半意味着“我是对的，你必须听我的”。脸部表情，微笑的表情通常表示友善礼貌，皱眉表示怀疑和不满意。眼神，盯着看意味着不礼貌，但有的时候也能够表示感兴趣，寻求支持。声音，演说时抑扬顿挫表明热情，突然停顿是为了造成悬念，吸引对方的注意力。

1918年列宁有一次很成功的演讲，在演讲中他身体稍向前倾，头脸微仰，双目一直眺望前方，右手掌十分果断有力的向前推出去，一瞬间将这个手势做到了完美。这次演讲十分成功，后来斯大林称赞说："把听众俘虏得一个也不剩。"经过研究表明，恰如其分的手势和姿态，常常能够促使听众获得大脑兴奋中心的持续而增长的记忆长度和记忆强度，这能够加深在听众心目中的印象。

我们虽然不是演说家，但是出于工作的需要，尤其是管理者必须具备演说家的素质，既善于运用口才因素，又善于运用肢体语言，以表达自己的思想和思维。这就要求管理者对自己的手势要训练有素，运用自如，以增强自身的感染力，更大程度地吸引下属的注意。与此同时，做出某种手势的目的一定要明确，不要带有任何的随意性，手势的变化是绝对不能过碎、过多的，要适当而为，做到适度、适当、自然、大方，充满美感；反之过分生硬造作的手势，如挠头皮、拍板子、敲桌子等，不仅不会给听众带来美感，反而会影响到沟通气氛。

一位智慧的沟通者通常是会知道如何采用最恰当的方式来表达自己的思想的，从而也会以最适合的形式来传递思想内容，表达信息，达成沟通的最终目标。根据有关的研究表明，外表、声音、身体语言等在沟通中所占的比重能够达到93%以上。具体百分比如下：视觉占到55%左右，身势、手势、视线，以及整体的仪表与行为举止等都有助于给人们留下深刻的印象，声音仅仅占到比重的39%，使用不同的肢体和行为语言能够带来更大的沟通效果。

今天是比尔来到这家公关公司上班的第一天，所以，他很希望自己能够给同事们留下好的印象。当主管将比尔逐一介绍给每位同事时，他十分热情地和同事们一一握手，同时面带微笑，向每个人点头致意。身高将近一米九的比尔可谓是相貌堂堂，看上去俨然是一位成功的公关从业人员。

在跟同事握手的时候，他很有力，他认为这样才是有礼貌的表现。不料，比尔握手的力度是如此之大，以至于两位女同事的手指都被握疼了。于是，有的男同事便在与比尔握手时也故意用大力气，似乎是在报复比尔。

于是，比尔进入这家公司后没多久，有一种说法便在女同事中传开了："最好别接近那个新来的比尔，他可不是一个好惹的人哦！"比尔在公司里受到了女同事的排挤，这对他的工作产生了很不利的影响。

这个故事告诉我们，无论你是个什么样的人，笨手笨脚的粗人、说一不二的能人，或是为了维持生计而艰难打拼的普通人，你都必须明白我们的双手在日常交往当中的重要性。

双手的解放，是在人类进化的过程当中具有里程碑意义的，所谓"心灵手巧"，双手与大脑之间的联系远远超出了身体的其他器官。然而，当我们与他人进行沟通与交流的时候，很少注意自己双手的动作，或是关注自己握手的方式，更不会对此加以认真的思考。当然，在人际交往中，肢体语言是十分关键的，如果运用不当，便会产生不良的交际后果。所以，必须保证自己的非语言系统能使自己想要沟通的内容增色。很显然，在工作中要取得和谐的人际关系，传送信息时一定少不了伴随有恰当的身势语、语音语调，并拥有合宜的仪态外表。

在进行肢体或者是行为语言表达时，应注意以下几点：第一，注意场合适宜性，不要不分场合，选择一套身体语言；第二，运用肢体语言一定要起到好处，不要随便乱用，这样往往不会有好的效果；第三，肢体语言在很多时候能够代替语言，但是是在特定的环境之下。

微笑的妙用与让眼睛会说话

微笑拥有巨大的力量，微笑是一种轻松愉快的面部表情。有人把微笑比做人际交往中的润滑剂。因为它可以缩短人与人之间的距离，消除心理隔阂，为深入沟通创造和谐氛围。微笑要发自内心，使人如沐春风。当然这需要积极的心态、正直善良的信念、充满信心和激情等内在品格。微笑具有不可估量的作用：第一，表达真诚友善。亲切的微笑能有效缩短双方的距离，形成沟通的融洽氛围。第二，表达自信。微笑是一种对自己的能力有充分信心的表现，不卑不亢的交往态度，能赢得别人的信任。第三，展现良好心境。微笑表示心情愉悦，乐观向上、充实满足，这样的人会更有魅力。第四，表达乐业敬业。工作中面带微笑是爱岗敬业、恪守职责的职业精神体现。第五，反映自身修养。由此可见，在工作中，注意微笑的运用是达到顺畅沟通的因素之一。

微笑是一种魅力，它可以使困难变得容易、使刚硬变得温柔，有时还有化干戈为玉帛的力量。微笑的力量很惊人，关于微笑救家救企业的例子也不胜枚举。著名酒店集团希尔顿创始人希尔顿先生，他起家的核心理念是：“微笑是世界最美的语言，它像阳光照亮客人”；酒店业质量诺贝尔奖的历届得主——里兹卡尔顿，其经营理念是：“微笑，让我们粉墨登场”；零售业巨头沃尔玛创始人——山姆·沃尔顿的经营法则是：“三米微笑原则”。微笑不但点燃顾客，也温暖周边人，是人际关系的润滑剂。

微笑通常有三种形式：第一种是神秘的笑，即笑不露齿；第二种是服务的笑，即“三米六齿”，就是说离三米的距离能看到六颗牙齿的笑；第三种是营销的笑，即笑的时候露八颗牙齿或更多。微笑如同是一座沟通的桥梁。罗伯特·布诺温通过实验发现，人在群居生活时欢笑的次数是独处时的3倍。同时，他还发现，和其他人建立友好的关系这一目的所表露的笑声是十分紧密的。

经过试验表明，在人际交往过程中，发生大笑的频率会明显更高。所有这些数据和结果都证明了一个事实：社交环境中人数越多，人们大笑的次数和时间就会越多，也会越长。

眼睛通常被人们称作心灵的窗户，主要是因为心灵深处隐藏的奥秘都会不自觉地从眼睛中流露出来。印度诗人泰戈尔曾经说过这样的话：“一旦学会了眼睛的语言，表情的变化就会是无穷无尽的。”这又说明了一点，眼睛语言的表现力也是极强的，这是其他举止无法比拟的。在人际交往中一双炯炯有神的眼睛通常会给人以感情充沛、生机勃发的感觉。相反，目光呆滞麻木往往会给沟通对象一种不良的反应。

在人与人进行交流的过程中，目光的交流自然是不可忽视的。信息交流的起点就是目光的交流。双方需要不断地进行目光的表达和自己意愿、情感的应用，还要适当观察到对方的目光，从而达到探测“虚实”的效果。直到交流结束后，也要用目光来做一个圆满的结尾。

不同场合与不同情景，需要应用到不同的目光。在工作中，无论你是见到熟识的人，还是初次遇到见面的人，不论是偶然见面，或是约定的会面，首先要用眼睛交流，以闪烁光芒的目光来正视双方片刻。交谈的过程中，随着话题的变化和内容的转移，目光也是会产生变化的，目光的变化能够将沟通变得更加的顺畅。

刘珊珊和客户约定在一家咖啡厅见面，她知道这位客户对公司来讲十分重要，于是，她很注重自己的一言一行，比如在说话的时候，注意运用肢体语言，在对方说话的时候，她就很认真地注视着对方的眼神。交谈结束时，刘珊珊还不忘抬起目光，表示谈话的结束。道别时，刘珊珊仍用目光注视着对方的眼睛，流露出丝丝惜别之情。这是刘珊珊第一次见到这位客户，在第二次见面时，客户就豪爽地签了合同。

在掌握并正确运用自己目光语言的同时，不能忘记去学会“阅读”客户目光语言的含义。从对方的目光中，分析出对方的内心活动和思想。随着交谈内容的变化，目光中更应该透露出专注和感兴趣。学会阅读和分析别人的目光语言，对于正确处理社交活动的进行和发展有着重要意义。

目光接触通常被认为是人建立思想交流的最基本方式，在交谈中有着极其重要的作用，这对管理者进行有效沟通有很大的帮助。那么善用微笑和眼神沟通的好处到底有哪些呢？第一，让你变得平易近人，这样有利于与别人接触，建立沟通的良好关系。第二，更容易得到别人的信任，尤其是与陌生客户进行交流时，更能够打破客户心理防线，加快彼此之间的熟识程度。

不同的场合善用不同的手势

不同的手势有着不同的内涵，当然，不同的手势也能够传达出不同的信息内容，体现出不同人的内心活动。因此，手势对于沟通来讲有着至关重要的作用。在进行沟通的过程中，一定要注意沟通环境和场合，不要随便使用手势，更不要乱用手势。

同一个手势，在不同的国家和地区、场合中其意义都可能发生变化，比如说竖起大拇指这个手势，在多数国家中都是表示赞扬质疑，具有褒义性质的，但是在澳大利亚则是表明粗鲁的动作。

不同手势有着不同的含义，作为管理者应该多注意一下这些手势。手臂交叉放在胸前：就是表示不愿意与人接触，防卫；紧握拳头：则是表示向对方挑战，或自我紧张的情绪；手指或笔不停地敲击桌面，或在纸上乱写乱画：表示对对方的话题不感兴趣、不赞成或不耐烦；两手手指交拢放于胸前上方呈尖锥状：表示充满信心；手与手重叠放在胸腹部位置：是谦虚、矜持或略带不安的反应；手指指人或是用拳头敲打桌子：表明此人具有强烈的攻击性，这种行为是胁迫倾听者，对别人有一定的威胁性，同时容易令别人产生反感心理。

小林参加一次同事聚会，这次参加聚会的不仅有北京区的员工，还有澳大利亚总部的一些员工。小林作为陕西区公司的代表在聚会上发言，在发言中，她说到公司员工工作都十分努力，有的新人也取得了很不错的成绩时，不由自主地竖起了大拇指，以此表明员工表现得好，本来这是一个夸赞的动作，反而被澳大利亚总公司的员工说成了粗鲁。

聚会结束后，澳大利亚总公司的员工私下说：“在发言中，那个陕西区的代表怎么那么粗鲁呢？真不知道怎么会选她做发言代表。”自然，小林在总部员工中的形象受到了影响。

在许多场合，手的一大作用就是来充当“隐形的标点符号”，在沟通的过程中起到了谈话者角色转换的作用。比如说在会议环境中，当领导表达完了自己的观点之后，下属可能会为了赞扬领导的观点，选择鼓掌的方式。而在家中来了远方客人之后，鼓掌也很可能代表着欢迎的意思。

王鹏喜欢看演唱会，他经常会在闲暇时间去看一些大牌明星的演唱会，在激动的时候会热烈地鼓掌，从而表示歌星唱得到位和受到欢迎。一次因为工作的需要，他被调到英国工作了三个月。在工作期间，有幸他听了一次英国音乐会，在音乐会将要结束的时候，他毫不犹豫地鼓掌，此时却发现只有自己一个外国人在鼓掌，其他人都没鼓掌，他不明白这是怎么回事。

音乐会结束之后，他问同事是怎么回事，这才知道，原来在英国音乐会上，如果鼓掌，就表明演出不受欢迎，所以当时没人鼓掌。

当一个人对之前的讨论进行总结时，只要能够稍加观察，就不难发现他对这些观点的个人态度：是倾向于此，还是有所保留，甚至是反对。领导在作总结陈词的时候，会习惯性地摊开一只手掌，然后对其中一个观点进行陈述。当谈论到另一个观点时，人们又会换一只手来做手势。经过研究发现，习惯于用在谈论到自己所青睐的观点时，选择用右手辅以手势来说明的通常是表示赞同，相反是表示反对。

在不同的场合也一定要注意自己的手势使用，比如，在上司表达自己的工作方案和计划的时候，作为下属的你千万不要双臂交叉，放于胸前，这样的姿势往往表示抵抗、反对的心理和态度；当你在和客户进行业务交谈的时候，千万不要不停地摸自己的眉毛或者是耳朵，这是一种不自信的表现。

沟通的同时使用各种手势来辅助说明，这样做不仅可以吸引对方的注意力，还能够达到加强谈话的效果，而且还能加深参与谈话的个人对此次谈话内容的记忆效果。作为企业的管理者或者是工作中的一员，时刻都应该注意到这一点，在与人进行沟通时，不要忘记利用手势的力量。当然，不同场合一定要选择正确的手势，乱用手势往往会起到相反的效果。

沟通环境与沟通距离的把握

沟通环境通常是指在进行沟通时周围的环境和影响沟通的条件，这既包括与个体有着间接联系的社会整体环境，比如沟通的政治制度、经济制度等；也包括与个体直接联系的区域环境，比如学习环境、工作环境、单位或家庭环境等。这些环境在沟通的过程中都会对个体施加一定的影响。沟通环境在一定程度上对上下级、平级、朋友间、亲人间都会产生一定的影响。

要想做好沟通环境，就应该注意以下几点原则：首先，沟通的场所大小一定要适宜，也就是沟通场所不能有噪声的干扰。其次，在进行沟通时一定要有必要的辅助工具。比如说一个销售人员，单凭叙述的销售方式来让客户满意是相当困难的，需要借助于资料、产品等。最后，沟通时要把握精神环境。比如在双方的沟通渐入佳境时，一定要注意引进自己沟通的目的。作为销售人员或者是作为一名管理人员，都应该注意对沟通环境的选择和营造，只有这样才能够达到有效沟通。

李明作为公司的部门经理，时常会和下属私下沟通，因此，很多下属都说李明是一个没有脾气的领导。他平时经常和下属在一起吃饭、聊天，在很多时候，下属根本不将其看做是领导。

一次，公司新进入一名叫王跃的员工，他进入公司就听说李明很容易亲近，不用畏惧他。在后来的工作中，王跃因为粗心将很重要的工作做错了，李明当面提出了批评，不料王跃却无视李明的存在，说出一些不尊重他的话。私下里，员工们都说王跃是在欺负李明。

距离与沟通，听起来似乎是一件风马牛不相及的事情，然而在现实生活和工作中，却紧密地联系在一起。职场中，上级与下级之间、同事之间都存在着一定的距离和必要的沟通。当沟通距离达到合适程度时，自然也就能够促使沟通更加顺利。

什么是沟通距离呢？距离看似是空间或时间的间隔，而在沟通过程中，往往指的是一种心理上的间隔。瑞士的布洛所倡导的美学理论之一的距离说，提出了“心理的距离”是创造和欣赏美的一个很基本的原则。他对自己的观点进行了解释：实际的和实用的东西不能称之为美，一旦抛开实际和实用的意义，而用超然态度来欣赏它，那是一种美的存在。当然，如果距离过大，也就不会存在美了。何谓沟通呢？沟通也就是泛指彼此间的相通，或者说使两方能相连的一种方式。把距离与沟通引入到我们的现实工作当中，对每个人的工作都是有帮助的，因为如何处理好人与人的关系，也就是处理好距离所产生的矛盾和处理好人与人之间的沟通的问题。

在工作中，无论是同事还是上下级之间，要达到相处自然，就得有一个距离的讲究。距离太近，或者是零距离，就很容易出现磕磕碰碰产生摩擦，时间长了不沟通，因此表现出来的就是抱怨和埋怨。距离远了，又会变得生疏冷漠，犹如路过的陌生人，双方内心都会产生地方心理，根本不能信任和沟通。因此，距离与沟通必须拿捏好，只有这样才能在职场愉快地和同事进行合作，使自己不断地进步，实现升职的梦想。

对沟通环境和沟通距离的了解有着怎样的意义呢？第一，对沟通环境的了解，能够帮助在管理中，选择合适的环境对人员进行管理，达到高效沟通的目的。第二，对沟通距离的了解能够帮助管理者选择合适的距离，不仅能够与员工之间和睦相处，还能够与同事、上级之间变得更加和谐。

点睛结语：

沟通不仅仅只能够通过语言的方式进行，还需要肢体语言做辅助。作为领导者在进行沟通的过程中，不妨利用肢体语言，更深刻地与下属进行交流。交流过程中，先要知道肢体语言的含义，注意运用微笑和眼神交流，在不同的场合选择不同的手势，只有符合环境的手势表达才能够避免产生误会。不管你和沟通对象的关系多么亲密，一定要注意沟通距离，这样才能够达到有效沟通。管理者需要到位的沟通技巧，了解更多的肢体语言含义，更为清晰地辨别不同环境需要的肢体动作，这样能够让你们之间的沟通更加顺畅。

第八章 灵活的方式

——有技巧效果会更好

机智地运用设问，让对方多说

工作交际中的设问，其目的往往是在交流时开启话题，获取信息，从而促进沟通的顺利进行。同样的一个问题，问什么常常关系到交流的质量和内容，但也不可否认，许多时候“怎么问”常常比“问什么”要重要得多。一个问题能否获得积极的反馈和完整的答案，很大程度上与提问的内容关系不大，而是取决于“怎样问”。当然，设问的方式有多种类型。对于一个管理者来讲，应该学会机智地运用多种设问方式，最终达到打开对方“话匣子”的目的。

高超有效的设问技巧，或者说是提问艺术，常常包含以下三个方面。

首先，有效设问应该在真诚、平和的气氛中进行。提问者语气平和，态度真诚，常常给人以友好与和善的感觉，容易使对方产生信任和亲切感，一下子拉近提问者与回答者的距离，消除了不必要的怀疑和疑虑，在相互信任的谈话环境中才可能获取期望的信息，达到顺利交流的目的。

其次，有效设问还要讲究一定的提问技巧和模式，常见的提问模式有：提问内容+陈述句+疑问句。按照社会语言学家的观点，每个人的每一次发问，无一例外都可以转化为以上这种模式，换句话说就是先将问题的内容以陈述句的形式表达出来，随后可在陈述语气之后附加一些短暂、简明的疑问，与此同时可以配合一些面部表情或肢体语言，如一个善意的理解的微笑，一个默许的赞同的点头等。当所有这些恰当地组合到一起的时候，对方就会倾向于给出完整、丰富的信息，提问的效果就会明显，提问的目的就容易达到。即便是特殊情况下，想让对方按照自己的预期来回答，也要尽可能用此类模式来发问，比如“我知道你明天要早起出去锻炼，可是手头的策划方案必须在今晚完成，可以吗?”这种带有善意的提问方式不仅会调动对方正面反馈的积极性，同时会给对方一种赞赏与肯定的心理，满足对方心灵深处那种被需要，被重视的感情。

最后，有效设问还要懂得适度运用延伸和扩展技巧。假如一次发问未能得到期望的回答和信息，这时候巧妙地运用延伸和扩展提问将会起到很好的补充。如，前一个基本提问问完之后，可继续追问“为什么会是这样的结果?”“您是怎样采取具体措施的?”或者干脆沉默，以交流中沉默的间隙给对方以思考的时间，缓解一下双方的紧张，稍事休息，使对方有充足的时间来给出尽可能完整全面的信息。

可具体到日常生活中，面对社会上形形色色的人怎样提问才合适?面对不同群体，要采取符合对方习惯的提问方式。例如，对方是农民，对话时就应以白话俗语为主，避免空洞的文言；如果对方是某方面的专家学者，提问时就要尽量用严谨专业的用语。要选择合适的时机发问。比如说要照顾到对方彼时彼刻的心情、状态等。例如对陌生人你可以说：“如果您不介意的话我想问一下您对某件事情的观点。”提问之前，要考虑到对方的精神状态，要设身处地地为对方着想，避免不必要的误解。沟通的话题要围绕一个中心，避免天马行空，离题太远。同时也要分清问题的轻重缓急，先挑重要的问，然后是次重要的，这样由重到轻层次感分明，避免逻辑混乱和主次不分。沟通过程中尽量避免审讯式的语气、威胁性或讽刺性的问题。语气要平和，用客观公正的发问，避免对方因意见相左避而不答，或触怒对方使其扬长而去，中断交流。

李飞是市场部经理，他看到一位很有能力的业务人员最近一直工作不认真，业绩出现下滑，便将这位员工叫到了办公室。

李飞：“小朱，你的工作一直都很认真，可是最近出现了一些问题，你知道吗？”

小朱：“知道，但是……”

李飞：“但是什么？没关系尽管说，有什么困难不能跟我说呢？”

小朱：“我知道做得不好，但是最近身体不舒服，我内心是很不想出错的。”

李飞：“哦，身体不舒服就应该去看医生，没关系，公司理解你，希望你尽快治好病。”

小朱的眼神中充满了感激，没过多久小朱又像以前一样工作踏实认真，业绩不断上升了。

在工作中交流沟通有许多技巧和艺术，这些技巧和艺术很多都是在面对面的情况下成功运用的。因此，要想在商业谈判与沟通中占据主动，就必须掌握和运用一些必要的提问技巧，这些必要的艺术和技巧常常会给我们带来意外的收获。

在管理的沟通过程中，很有必要用这种方式达到让对方多说的目的，而让对方多说的目的是什么呢？第一，可以更多地从对方的口中得到有价值的信息，便于管理；第二，给对方制造表达自我的空间，每个人都会有表达的冲动和愿望，这能够完善两个人之间的关系。

妙语连珠也要讲究曲径通幽

中国有句古话叫做：“听君一席话，胜读十年书。”就是说跟那些妙语连珠、出口成章的人交谈可以让自己受益匪浅，进而激发你的创造潜力。春秋战国时期的郑国老臣烛之武凭借自己的“三寸舌”说退秦师，保存了一个国家，拯救了一方黎民。古今中外，尤其是那些公众人物，口才都是决定其成败的关键因素。纵观整个人类历史，哪个政治家、思想家、外交家能够离开口才而功成名就？

讲到口才，我们先从语言说起。语言是人类最重要的交际工具，不管你从事什么工作，走到哪些地方，都离不开这一最基本的沟通工具。尤其在当今科技飞速发展的时代，妙语连珠的口才，在今天的社会中已越来越成为决定一个人生活及事业成功与否的重要因素。好的口才可以助你早日成就自己的理想，而欠佳的表达则往往会带来不必要的麻烦与误解。在日常生活中，有口若悬河的人，同时也有期期艾艾的人；有谈笑风生的名士，也有言不达意的俗子……

人人都想妙语连珠，这本无可厚非。尤其是在当今社会交往中，努力提高自己的语言表达能力，让良好的口才助力成功成为了许多人的不二选择。可能会有一些朋友抱怨自己天生嘴笨口拙，生性木讷，可仔细想来，这也只是某些不思进取的人的口头托词罢了。诚然，没有谁生下来就会侃侃而谈。古语有云："人之初，性本善；性相近，习相远。"用在语言表达的练习上也是一样的道理。不勤学苦练，只是心中妄想，就算天生是演说家也终有一天会说不出一句像样的话。

我国著名山东快书表演艺术家黄枫，在20世纪五六十年代曾名满华夏。按照20世纪50年代中国曲艺界流行的说法，侯宝林、高元钧、骆玉笙、李润杰被称为全国"四大明星"，而黄枫、马季等人则被称为全国"四小明星"。知名度可见一斑。他在舞台上表演山东快书，经常返场六七次，掌声仍然不断。而为大家所熟知的现代著名小品艺术家黄宏，就是黄枫的小儿子。

黄宏11岁的时候，黄枫送儿子回山东，在火车上，全列车的服务员都说："这是著名山东快书表演艺术家黄枫的儿子。"黄宏因拥有这样的父亲而非常骄傲。几年前，黄枫有一次到北京，黄宏去机场迎接，围观的人都说："这是著名小品表演艺术家黄宏的父亲。"黄枫也因拥有这样的儿子感到特别欣慰。

这个例子说明，同样的一个事实，在不同的场合和不同的时间，我们表达的方式可能会有所不同。当父亲名满天下的时候，儿子是靠着父亲的光环而为大家所赞许，当儿子家喻户晓的时候，父亲也沾着儿子的知名度而重回人们的视野。对普通人是这样，在管理方面更是这样。作为成功的管理者，既要善于运用真挚关切、感激赞赏的语言来表达管理者对下属的友好和肯定态度，同时也要懂得通过富有哲理的语言来表达创意、启迪思想，通过适当严格的语言来传达严谨的责任风范，还要学会运用"诙谐、幽默"的语言来调节交流气氛、化解争端等。

语言沟通是一门基础却又很高深的学问，日常生活中，人与人相处的方方面面都离不开沟通，无论是言语的还是精神的。比如我们在工作中要与领导沟通来获得指令、要与同事沟通来完成任务、要与客户沟通来创造商机等，生活中的我们时时刻刻都可以看到沟通的影子。而在商业领域，商务沟通技巧不仅会加深双方的了解程度，同时也可以使人与人、企业与企业之间的情感得到深化。合作的前提是双方互相都有了一定程度的了解。这样，不仅增进了人与人之间的交流与沟通，同时也极大促进了双方合作的成功概率，最大程度地达到了双赢。

齐齐的父亲是某公司经理，每天忙事业很少回家；母亲是媒体记者，经常加班超时工作。父母对孩子的照顾是少之又少。虽然在家中有祖父、祖母的照看，但是齐齐到3岁时常因情绪不稳而无缘无故地哭闹。妈妈带他去求助专业诊断，才知道是因为此时齐齐还不开口说话，别人也无法了解他的想法，所以产生沟通的隔阂。妈妈依专家建议把齐齐送到了幼儿园，希望他多跟小朋友多玩多闹，多点互动，这样有助语言发展，减轻他的情绪压力。3岁半入幼儿园小班时，齐齐整整哭了两个礼拜才慢慢适应，可是，一个月过去，齐齐还是自己独来独往，不跟小朋友们玩。放假回到家偶尔也会无故哭闹，但是相对以前来说次数少多了。随着年龄的增大，贪玩的心逐渐促使齐齐慢慢走向了滑滑梯、跳跳床，虽然有时候会为了小玩具而跟小朋友生气、吵架，但毕竟齐齐开始逐步融入大家了。渐渐地，他的个子也长高了，说话也越来越清晰了，晚上睡觉也不无故哭闹了。当儿子跟小伙伴打成一片的时候，父母这才放宽心。

从原始社会到现代文明，交流沟通是维系人们生存的基本保证。如果一个人总是不善言谈，不主动与人交流，那么他本身乏善可陈的语言能力会越来越脆弱，直到有一天被悄无声息地淹没在历史的洪流中。所以，口才不仅仅是进步的要求，更是人类一种自强不息的本能。

要想做到说话曲径通幽，我们不妨从以下几方面开始练习语言表达能力。第一，要有丰富的人生阅历，而这永远无法脱离广博的知识储备，知识储备是良好口才的唯一根基。第二，一个人思维的敏锐性也是影响口才的重要因素，善于分析、搜集、鉴别各种信息的可靠性和真伪性，是实现工作目标的基础。口语是个人思维的具体体现，更直接地为人际交往服务，因此，我们还要从多方面加强自身思维能力的训练。第三，要加强口语的准确性、规范性和科学性的培养和使用。与书面语相比，口语表达并不能通过视觉反复看而理解，它要随着谈话对象、方式、内容等适时加以调整，并能与变化的谈话形成呼应。在实际生活中，这往往比书面表达更加不容易。否则，会出现词不达意或者张冠李戴的错误，贻笑大方。

要借题发挥巧妙地反击对手

借题发挥原意是指以某事物为题表达自己对其他问题的真实观点。“借题发挥”作为一种论辩手法有其特定作用，即当自己的观点受到攻击或处于不利形势下，不作正面答辩，而是就论敌提供的话题进行还击，促使辩论的局势出现扭转，实现自己辩论的真正意图。这种手法不但简洁有力、生动活泼，倘若运用得当，常能产生“四两拨千斤”的效果。通过“借题发挥”取得成功的例子古今中外有很多。那么怎样运用“借题发挥”这一手法来达到目的呢?

如果对方提出的问题是一个难以反驳的事实，既无法驳倒对方，又不能逃避，这时可以借用对方的话题换一个角度来表达自己的看法，从而突出我方优势，攻击对手弱点，最终取胜。

约翰·艾伦与陶克在竞选国会议员时认识。陶克在美国南北战争中担任北军将领，功勋卓著，曾任数届国会议员，而艾伦则出身士卒，默默无闻。竞选演说时，陶克说：“诸位同胞们会记得，17年前的昨夜，我曾带兵在山上与敌人血战，在山上的树丛中露宿一晚。倘若诸位没有忘了那次艰苦卓绝的战斗，诸位在投票时，请勿忘历尽艰辛为国家带来和平的人。”他充分发挥自己的优势，把选民们打动了，选民高呼“我们要支持陶克将军”，陶克似乎胜利在望。正当此时，艾伦登场了。艾伦说：“女士们，先生们，陶克将军没有说错，他的确在战斗中立下赫赫战功。但是当时我是他手下的一个小兵，为他出生入死，冲锋陷阵。他在树丛中安睡时，是我携带手持武器彻夜保护他。如果诸位同情陶克将军，当然应该选举他。但是，如果诸位同情我，我对于诸位的信任当之无愧!”艾伦说的话有理有据，从容不迫，寥寥数语即扭转局势，转败为胜。在当时的情况下，如果艾伦绕开内战，等于承认陶克的战功，反之如果正面否定他的功绩，违背事实，则可能引起听众反感。但艾伦巧妙地借用了陶克的话题，你谈南北战争，我也谈南北战争，而且把战争中将领常有的特殊待遇和普通士兵的舍生赴死、艰苦卓绝作对比，区区数言就夺走优势，让选民口服心服。

在辩论当中，有时候对方故意提出一些不易回答的问题，想要让你出丑、难堪、下不了台。与对方正面争执，势必纠缠不清；若不予理睬，又会让对方占了便宜，这时可以采取“顺水推舟”的方法，顺着对方的思路、话题讲下去，然后伺机反击。

在某个西方国家一个大型飞机场的售票厅里，很多旅客在井然有序地排队购票。忽然一位西装革履的男士，手拄拐杖，挤到最前面，大声呵斥售票员效率太低，耽误时间。他唾沫四溅、高声喊道：“你知道我是谁吗?”一边说边手指着售票员，摆出一副唯我独尊、不可一世的姿态。售票员淡定地转过脸去，对票亭其他工作人员说：“这位先生希望咱们帮他回忆一下，因为他有点儿健忘，不知道自己是谁了!”售票员又问其他排队买票的旅客：“谁能帮这位先生回忆一下他是谁啊？他忘了自己是谁了!”听到这些话，工作人员和旅客们一阵哄笑。听见笑声，那位男士羞得面红耳赤，嘴唇发抖，想说什么却又说不出，只好悻悻地回到队伍后面，依次购票。那位男士原意是什么，人们自然清楚：炫耀自己的身份，想通过这个压服售票员，但是售票员偏偏假装不知道他想说什么，从他问话的正面来理解，借他问话的字面意义进行攻击，引得大家哄笑，区区数言，胜过千言万语，让那位男士无地自容。

在论辩当中面对对手的言论，有时可假装不懂其本意，而是引申其字面意义，推出荒谬的结论，从而有力地讽刺对手，得到较为理想的效果。这种辩法简洁凝练，以一当百，既生动诙谐，又雄辩有力。

那么在工作交往中，要想借题发挥巧妙击败对手应该注意些什么呢？第一，所借之题，有理有据。借题发挥虽然是一种沟通的方法，但是这种方法也是需要论据做支撑的，不可乱说乱“借”。第二，变化话题要给自己留空间留后路。如果你所变化的话题没有争辩的空间，那你就是将自己至于死胡同了，这无疑是一种不明智的沟通手法。

当话语陷入困境时走为上策

在日常交流过程中，你遇到过各不相让、互不服输、剑拔弩张的谈话时刻吗？此时此刻，如果你畏首畏尾，支支吾吾，实在令人感到失望。如能临变不惊、化险为夷、急中生智，常常会让自己反败为胜。这时候语言艺术的运用会显出其独特的奥妙。如果你觉得这种困境不是自己能够反抗的，即便是进行解释也无法帮助自己走出困境，此时不妨选择三十六计中的最后一个计策——走为上计。

我们都知道，语言的基本功能是传达信息、表达情感。它是人类交流沟通最便捷最经济最实用的工具。但不可否认的是，语言也并非是万能的。很多情况下，语言在表情达意的时候会产生一种限制，产生一种难以言说的表达困境，在遇到这种困境时，很多人都会觉得很尴尬，但是却不知道怎么处理，分庭抗礼显然不是一个好的办法。

语言表达困境，顾名思义，是指交流主体虽然已经掌握了一种语言，但是在关键时刻却感到无法用它来表达自己的内心感觉及对外在世界的感知。这是交流主体在对世界的认知过程中形成的一种矛盾。当主体想用语言来表述自己对某事物的所感所思时，主体大脑中却难以找出合适恰当的词语，换句话说就是，主体所看到的与所想表达之间的一种矛盾状态。如果想要解决这一种矛盾的状态，不妨选择暂时的“逃避”，离开一下未必不是一个好的办法。

语言表达困境是沟通主体在社会实践和认识活动到一定阶段所产生的语言表达上的临时缺失状态。所以，语言表达困境也有一个产生、发展、消失的过程。从理论上来说，语言表达困境始终存在，因为再完美的语言有时候在现实和内心感受面前都是多余和苍白无力的，而恰恰是这种多余和苍白的功能造就了我们语言活动中不可避免的状态。在工作中，如果你遇到了这种尴尬的情况，不妨暂时离开，做一次“逃兵”，此时你会发现尴尬会自动消失，自己也会摆脱困境。

李曼和王斌被安排到一个小组中进行工作，两个人要合作完成一份市场调研报告，而要做好这次市场调研，两个人有不同的途径和方法。李曼希望在市区繁华地带摆一个咨询台，让人们自动来咨询，从而达到调查的目的。而王斌觉得摆咨询台的用途不大，不如两个人一起去城市不同区域的做抽样调查。

在这件事情上，两个人产生了矛盾，他们都觉得自己的观点是比较靠谱和有效果的。李曼是个急脾气的人，看到王斌不配合自己的意见，心中自然有些着急，她冲王斌说道：“你怎么就不能支持我一次呢?”王斌看到李曼情绪有些激动，知道现在不管自己怎么说怎么解释，李曼都不会按照自己的意见去做。他灵机一动说道：“对了，刚才总经理叫我有点事，我先过去了，这个调研你再考虑考虑，等明天咱们再商量。”说完王斌走了。

第二天，李曼的情绪变得比较平和，两个人就不同的方法进行了分析，最终李曼觉得王斌的方案比自己的方案有优势，很高兴地同意了王斌的调研方案。

在工作中，人与人的沟通是无处不在的，尤其是在团队合作时，更需要沟通到位。如果沟通不能够很平和的进行，很容易起冲突或者是产生矛盾，进而影响到了工作。此时，一方不妨巧妙地避开争论期，“躲躲风头”，再回来的时候你会发现沟通环境发生了变化，一切沟通又恢复了正常。

在进行沟通时，为了避免出现冲突，从而选择暂时离开，那么要注意些什么呢？第一，离开时的态度不可强硬或者是无礼貌，这样会将矛盾扩大化。第二，要以化解尴尬为目的，你的“远离”是为了缓解尴尬的气氛，达到更好的交际目的，不要为了赌气而离开。

使自己的语言千姿百态呈现

古语有云：“甜言一句三冬暖，恶语伤人六月寒”。作为一名管理者，其语言的使用对员工的影响是非常大的，巧妙得体的语言不仅会给员工留下幽默风趣、平易近人的好印象，而且对管理工作的顺利完成也有很大的帮助。管理者除了需要有足够的法律知识外，还要灵活掌握语言技巧，这样才能见河搭桥，逢山开路，更好地做好管理工作。著名教育家曾凡浏说：“对于领导者而言，语言是一种领导力。它能增强领导者自身的魅力，并能体现领导者的能力和水平。”那么管理者应该从哪些方面来让自己的语言变得丰富呢？

- 多使用协商性语言

在中国的企业中，等级制是非常明显的，很多员工对领导多少有些畏惧心理。虽然员工和领导地位不平等，但他们的自尊心更强，不希望领导对他们颐指气使，尤其是当着其他员工的面挨训受批评。如果领导丝毫不顾及员工的自尊心，疾言厉色，永远摆出一副领导的架子，那么员工不仅自信心受挫，更无心努力工作。因此，领导在和员工沟通时应尽量多使用协商性语言。这并不是说领导必须完全放低姿态，忘掉自己的掌控权和工作思路，或者对员工的错误忍耐不语，而是要采取一种员工听起来最舒服最平等的方式来沟通。

张培训师不擅长课堂纪律的管理，他给企业员工做培训时，有的员工擅自出入教室或玩手机或睡觉。刘经理听了张培训师的课后有些不满，对他说："课堂纪律很乱，似乎你对他们失去了控制，这需要改正……"这也许是大多数领导通常采取的话语，但这会使人有种挫败感和羞愧感，从而降低自信心。而王经理用协商的语气问："能跟我说说，上课时他们为什么总是一副懒散的样子吗?"这样的问题能够让张培训师加强自我反省，反思是不是自己的培训内容不够精彩易懂，思考应该怎样调动员工的积极性，遵守课堂纪律。这不仅没有让张培训师感到自己很无价值，还让他觉得领导对自己很宽容，平等对人，从而更好地提升自己的能力和水平。

- 多使用幽默性语言

工作中领导适时幽默的语言不仅会让员工欣赏领导的个人魅力，还会更认真热情地对待自己的工作任务。轻松愉快的工作环境对工作任务的完成是非常重要的。因此，如果领导能培养一些幽默的语言艺术，那么这对于在员工中树立平易近人的形象，提高工作积极性，高效完成任务等都会有很大的帮助。

两位员工上班总是迟到几分钟，在员工大会上，A经理决定给他们点颜色看看，于是在会上点名批评道："太不像话了！一点职业道德都没有，都成年人了，以前在学校老师没有教过你们不能迟到早退吗？怎么不见其他人迟到呢……"A经理的一番厉声训斥，不但没有使这两位员工有真心悔改之意，反而连其他员工都产生了很大的逆反情绪。而B经理则幽默地说："最近由于我工作疏忽，没有抓好考勤工作，导致部分员工用'实际行动'向我提出了警告。所以我很真诚地接受大家的批评，从严考勤，知错就改。”这种幽默的语言艺术不仅让那两位迟到的员工默默地意识到自己的错误，没有让他们当众难堪，而且让所有的员工为领导的个人魅力所感染。更重要的是，领导的工作任务也会顺利地完成。

- 多使用赞美性语言

心理学家威廉·詹姆斯认为：“人性最深层的需求就是渴望别人的欣赏和赞美。”每个人希望得到他人的认可和赞美，这不仅会让人认为自己很有价值，而且还会让人更加努力工作或学习。卡耐基认为，通过激励手段，满足一个人的自尊感，让他获得一种成功的动力，同时能够与你友好相处，做好你委托的事情，其中最为关键的一点，就是学会投其所好，赞美他人。

作为领导，要对员工身上的优点和个性极具敏感性和观察力，发现其闪光点之后要毫不吝啬地表扬和激励他们。对不那么优秀和突出的员工，更要肯定和表扬他们业已取得的成就，然后鼓励他们继续努力。但是表扬的话语一定要真诚可信，适度合理，否则会让员工觉得很不舒服，有时候甚至觉得是一种挖苦和讽刺。总之领导在管理工作过程中，多多真诚地给予员工鼓励和赞美，会使其快乐地高效地完成各项任务和工作。学会利用经典的三句赞美：我很欣赏你，我很佩服你，你真不简单。

在与人沟通中，让自己的语言变得更加灵活多变，自然会取得很好的交际效果。比如，能够让你更容易得到认可。如果你在跟上司进行沟通，自己语言过于呆板，那么上司很可能会觉得你是一个不善交际的人，自然会觉得你的交际能力有限了。再者，语言千姿百态是有内涵的表现，能够提升自身的魅力，如果你是一位管理人员，对下属说话利用不同的语言风格，自然能够得到下属的敬佩和尊重。

点睛结语：

沟通是一门很深的学问，不仅蕴藏着技巧，还需要灵活的头脑和说话方式。在与人沟通的过程中，需要机动的运用设问的方式来让别人主动沟通。作为企业的管理者，可以运用借题发挥、连续提问等方式来让对方说出自己的内心思想，当沟通遇到障碍或者是陷入尴尬的境地时，不妨选择“走为上计”，这是迅速化解沟通危机的最好办法。如果想要让自己的话语变得更加充满魅力，不妨选择不同的表达方式，用幽默而百变的风格进行交流。

第九章

积极的心态

——用真心去感染他人

以真诚之心打动他另一颗心

俗话说“感人心者莫先乎情”，一个人对感情投入了多少，体现在他对对方的理解、尊重、体贴和关心的多少上。员工只有在情感上与经理融会贯通，道理上接受经理的主张，才能真心实意地发挥自己的主观能动性去努力工作。所以，作为经理应该尽量用和蔼、宽容、睿智的语言，才能与员工情感共鸣，让员工真心感受到经理善意的理解和期待。

以每个组织所发展的历程来说，关键性的角色是由与时俱进的领导者来扮演的，因为他的存在不仅能够影响到其下属员工的工作态度和行为上的表现，组织目标的完成与组织绩效的高低也同样受其影响。这也就是领导者的行为一直是组织行为所研究的重要议题之一的原因所在。真诚的话语是具有魔力的，能够在无形中将一个人的心门打开，这对于管理者来讲是十分重要的，管理者可以通过真诚的交流来让员工敞开心扉，从而了解到员工的思想，管理才能够更加到位。

早在20世纪初期，西方学者就研究并提出交易型、魅力型、变革型等领导理论。这些理论不仅对企业领导效能提出合理的解释，更得到广泛的接受和应用。但是在复杂多变的商业环境中，尤其是近年来爆发的爱立信、WorldCom、Tyco等公司丑闻和日益泛滥的管理者渎职现象，直接导致了员工对其领导者逐渐产生了不信任，同时也引发了人们更加去关注领导者的伦理与道德层面，并重新审视作为领导者“真诚”的重要性。正如Shirey所言：“在不确定、充满复杂与变化的时代中，领导的真诚品质将越来越重要。”

经常上班迟到的员工小张今天又迟到了。赵经理雷霆大发：“你真是太不像话了，如果都像你一样今天迟到，明天后天也迟到，那我们的工作还怎么去干？你这简直就是视我们公司的规章制度于无物。以后再迟到，就扣发5元的绩效工资。”小张没等经理把话说完，就气呼呼地转身进了办公室，把一脸怒容的经理晾在了一边。

钱经理和蔼地对员工小张说：“小张，今儿怎么上班来晚了？是不是家里有什么困难呀？如果有什么困难，尽管和我说，但不要耽误了上班呀！”小张不好意思地对经理说：“家里没有什么事，是我的问题，我下次一定改正。”双方又寒暄了几句，各自愉快地回到了办公室。

“如果你出现了什么困难，尽管对我讲……”这样的句式是著名的语言大师卡耐基经常讲的。他认为多说这句话的好处是让人感到贴心和温暖。经理合理使用这句话，能让员工感到贴心和温暖，让自身也魅力四射。为什么同样是批评，但效果却截然不同？原因在于，赵经理批评过于直白和露骨，没有情感投入，反而引起了小张的反感；钱经理在语言表达中注重情感投入，站在关心员工的角度看问题，让员工感受到了经理的真诚和关心，从而取得了很好的批评效果。

经理要针对不同的谈话对象、谈话内容和谈话环境运用不同的语言，只有这样才能取得理想的谈话效果。如在说服对方时应从理解、关心的角度出发，学会换位思考，多用诚恳和蔼的语言；在拒绝他人的时候，应该应用一些婉转含蓄的语言，如此才更容易得到对方的谅解。在公司管理中，经理要把话说到点子上，多说内行话、起作用的话。

经理对员工的工作要先给予有针对性的充分肯定，让员工感受到自己的劳动得到了领导的理解和认可。分析不足也要考虑到员工的心理，用和蔼诚恳的语言点到问题的实质，并且巧妙地运用卡耐基语言，让员工很容易接受。心理学上的同理心，就是设身处地站在对方立场思考的一种方式。就是在人际沟通交往的过程中，能够感同身受的去理解他人的立场与感受，也能够体会对方的情绪和想法，并且应该站在对方的角度去思考问题、处理问题。作为经理，假如能运用理解性语言来把握问题的实质，就更能彰显经理的人格魅力。善于运用卡耐基语言，讲究说话的艺术，才能让员工感到你善解人意。这样，员工真正受到教育，才能起到事半功倍的效果，从而提升自身的人格魅力。

在一家大型公司的群体面试中，公司设计了一个 8 人一组的小游戏。要求每个人抽一个号，然后就闭上眼睛去寻找自己的位置。然而令人出乎意料的是在游戏结束的时候，只有一位站错位置却始终紧闭双眼的女生得到了工作。因为无论是在职场中，还是在一场面试当中，真诚永远是摆在第一位的。只要能够定位准确，能够把自己真正的实力展现出来，面试官是可以看到你所适合的岗位是领导者抑或是协调者，如果缺少了真诚而去套用技巧，刻意去虚掩，反而会给人留下不好的印象，丢掉很多分数。如果将自己精心包装然后呈现在面试官的面前，你也许会侥幸的成功。但是在日后，如果用人单位发现你并不是他们所需要找的人，对你也不会加以重视，你也可能会感到自己从事的工作不甚理想，这对自己将来的职业生涯是有害无利的。这就是企业看重校园招聘的原因，他们就是希望能够在一张白纸上描绘出一幅美丽的画卷。你真诚地去展现真实的自我，企业自然也就会以真诚予以回报。

真诚领导作为国内外领导理论和组织行为学领域一个全新的领导学理念，目前还没有为学术界公认的严格定义。如果领导者把所具有的积极的心理能力与高度发展中的组织情境相结合，从而产生作用的一种过程就是组织中的真诚领导。真诚领导者具有以下特质：第一，领导者所扮演的角色是他们自我概念重要的核心部分；第二，应该达到一种高度的自我决议或者是对自我概念要清晰；第三，他们应该适时进行自我调节以求达到目标；第四，他们的行为应该具有自我约束性。真诚的领导者应该具备五个方面的品质，这其中包括对下属的导向、领导的特质以及循规蹈矩、对他人诚实不欺和正直无私。真诚领导是一种积极心理能力和正面道德氛围的领导行为；在与下属的工作互动中，可以促使领导者形成一个更完善的自我意识、内在道德标准。

总之，在企业员工的心目中，真诚领导是建立经久不衰的组织的必经之路。目标明确且忠于价值观，能够满足所有利益相关者的需求，并且乐于服务企业员工的领导才是好领导。当然，对待客户也一定要真诚，只有你表达出自己的真诚，才能打动客户的内心，客户也才会接受你的产品或服务。

理性话题要能够感性地演绎

大多数的人都喜欢依靠默契，按性别来讲女性尤甚，他们会理所当然地认为如果互相能够心有灵犀，那么一切则会不言而喻，偏执地认为自己能够体谅与了解他人。但是，事实上默契其实是一种极其难以捉摸的感受，如果想要了解彼此，那么最稳妥的办法是自始至终只是进行理性方面的沟通。但是理性的话题用理性的方式表达出来过于生硬，若用感性方式进行演绎则更容易使人感同身受。社会中的每个自然人都习惯于用自己的双眼去洞察世界、判断与衡量人事，但出于身份的不同，看问题的观点与角度的不同，分歧必然存在，又何来确实的默契呢？

因此，只有凭着理性的沟通言语、文字、表情、动作，真心考虑他人的情景，才能真正打破观点与角度的界限。在此不得不提出一个重要的概念，那就是“当事人与旁观者的偏差”。具体解释来说，在解释自己行为时，沟通双方更加倾向于将原因归咎在外界环境压力等如此一般的原因。而换做是旁观者考虑问题时，则更加会倾向将事情的原因归咎于当事人本身，以个人因素为重，所以说不管是当事人还是旁观者眼中的世界，其实都只能说是他们自己的世界，都是受限于一些固定的观点和角度。可以说感性的演绎是对理性观点的一种具象化，感性的演绎下的理性观点更加生动、有趣，不容易给人产生厌倦的感觉。

理性沟通所具有的社会意义是极其重要的，因为在两个人观点和角度不相同时，彼此之间是缺乏共同判断的立足点的，由此，人际关系也就会变得虚幻不实，这是十分可悲的一种境况。值得庆幸的是人类的思考能力具有极高的主动性，因此通过沟通即可以消除界限。减小“当事人和旁观者偏差”的不二法门也便是沟通。只有做到理性与感性的和谐统一，沟通才能真正达到高效、有力。

这些感性情感的正确使用，就需要我们注意在使用时的语感，语感要随“情”而动。在沟通的过程中，尤其是涉及工作时，很多概念或者是专业术语都会让两个人的交谈变得理性而深奥，这样的交流往往会让别人觉得十分枯燥，所以说就很有必要将理性话题进行感性演绎。

郑晓晓在一家软件公司工作，平时接触到的都是软件科研人员，交流的话题也多半是关于工作的事情。

在她进入公司两年之后，公司调来了新的部门经理，郑晓晓所在的部门是软件开发，不料这位新任部门经理竟然从来没做过软件开发，就连专业的术语也不懂几个。

这天，新任经理将郑晓晓叫到办公室，问郑晓晓平时是负责哪部分工作的，郑晓晓便用很专业的术语跟经理做了汇报，但是部门经理一脸疑惑，根本不知道她说的是什么。为了能够让部门经理了解自己的工作范围，她就举了一个很简单的例子：她说自己的工作说简单了就是软件测试，看看他们设计的软件合格不合格。“就像是那个‘找茬’游戏，我就是‘找茬儿’的，看他们设计的软件是不是有纰漏或者是有把柄落在我手里。”

经过郑晓晓这么一说，部门经理总算是明白了，并且还增添了对郑晓晓的正面印象。

理性的话题多半生硬而没有可沟通的持续性，要达到很好的沟通，必须让沟通内容变得活跃起来，而要想让沟通变得活跃，可以用的方法就是做到语言的转换。将理性的话题，变得生动起来，增添一些感情进去，这样就能够让两个人的沟通变得更加顺畅了。

理性话题的感性演绎存在着使固有的问题具象化从而容易被他人理解和接受的诸多好处，但是要想把理性话题用感性的方式去演绎，是需要注意以下两点的：一是感性化的演绎要符合理性话题，偏离主题的演绎再如何精彩也没有任何意义。二是感性演绎要适时，切合时机的沟通是良好沟通的开端。

情之所至，金石也能为之所开

古代有一句流传了很多年的名言，叫做“精诚所至，金石为开”。通过真挚的情感追求高效的沟通，往往就可以达到情之所至金石也能为之所开的效果。

组织行为学、管理学和领导学领域最重要的话题之一是沟通。有调查表明，人的一生之中，大概有 70% 的时间是在通过听、说、读、写等方式与人们沟通。由此看来，有效的沟通不只是个体社会化的必要过程，也是有效管理的基本技能。没有它，不但个体无法处于开始阶段，群体行为和组织绩效同样不能保证。

我们对沟通的含义进行更加深刻的了解，有效沟通往往始于沟通对象的尽情流露，缺乏尽情流露，你就无法了解沟通对象所要表达的真实含义。而这种尽情流露又往往因为个人素质和生活背景的差异，导致两种完全不同的效果，这就需要沟通主体具有良好的心理耐受性。由此看来，要想使有效沟通得到完美实现，沟通主体必须具有旷达的心智模式的逻辑基础。

平等、真诚的沟通，坦诚待人，换位思考，尊重沟通对象的真情流露，才能真正达到“金石为开”。不论你的思想有多么的伟大，如果不进行传递并被其他人所理解，那么你的思想都是毫无意义的。所谓的完美的沟通就是当想法或者某种思想被传递到了信息接受者那里的时候，恰好接受者所感知与发送者发出的意图出现完全重合。然而，在现实中，完美的沟通并不存在，只能无限接近。要想做到近乎完美的沟通，自然少不了投入自己的感情在其中，一个人要想感动别人，那么先用自己的话来感动自己，这是最基本的沟通原则。

一家经营状况良好的公司一定是股东、客户、员工三方面利益得到良好的平衡，而“方正科技”的发展就证明了这一点。“延中实业”，也就是“方正科技”的前身，是大陆首家面向社会公开发行股票的股份制企业。从“延中实业”到现在的“方正科技”，公司经历了多次“举牌”和两次规模较大的产业重组。

从1998年北大方正集团入主公司，“延中实业”的业务开始转向了热门的IT行业。发生在2001年5月的“裕兴举牌”事件和2001年10月的“上海高清举牌”事件，使公司面临的内外压力空前的大。股东的垂问、监管部门的函件、媒体的报道接连不断地传来，董事会秘书更深知肩上担子的沉重。公司的管理层始主动与监管部门沟通，通过书面、电话、面谈等方式将事件进程和公司面临的问题真诚地逐一向监管部门汇报。

在此过程中，公司开始与中小投资者真诚沟通，在某种意义上使得他们产生了荣辱与共的深厚情感，在此后这些中小投资者无论面对多大的困境都对公司给予了极大的支持。成为“方正科技”未来发展中最为重要的财富之一。

2004年，方正公司通过董事会决议决定把投资者关系管理上升到战略管理层面，并且提出了“真诚沟通，与投资者共享成功”的投资者关系管理理念。方正公司从内部制度和组织建设上进行了探索；通过创建以董事会秘书为主要领导的投资者关系管理组织体系，包括公司的董事长、总裁、董事，以及公司一线（工厂、销售）对口的工作人员。他们还特别重视借助外力拓展与投资者沟通交流的空间，聘请了专业机构担任公司的常年投资者关系顾问，对投资者关系进行了有效整合，从而实现了企业的股东、员工和客户之前的真诚沟通。

一个公司的发展需要真诚沟通作为保证，不管是对内员工也好，还是对外部的客户也好，都要做到真诚以待。在与人交往的过程中，我们都更加希望看到对方态度表现的诚恳，如此才能产生好感，留有好的印象。而如果当一个玩世不恭、冷嘲热讽的家伙站在你的面前时，相信大多数人都会产生极度厌恶的感觉，这是在沟通中绝对不能有的态度。

“精诚所至，金石为开”的道理不会有错，与人交流就应该老老实实，如果你并不是一个崇尚真诚交往的人，你根本不可能交到真诚对待你的朋友。因为就一般的社会关系而言，“真诚”这一交往的原则也是十分重要的。那么要做到“精诚”就应该先做到真实，如果你不够真实，在工作和沟通中，总是伪装自己，自然就不会做到真诚了。再者应该能够投入感情，要以参与者的心态来面对你的沟通对象，千万不要觉得别人的言语和自己无关，只有做到这样才能够打开别人的心扉，了解到更多有价值的信息，从而做到有效沟通。

含蓄中透出独有的风趣生动

含蓄作为一种蕴藉曲折的语言风格是集聚所有文学语言所共有的鲜明美学特征的，在其他方面中也有广泛和不同程度的显现。苏东坡有云：“言有尽而意无穷者，天下之至言也。”是对含蓄风格语言的极大推崇。含蓄的语言中渗透着一股匠心独运的独特风趣，这在管理沟通过程中有着重要的作用。

含蓄的语言能够给人一种亲切的感觉，这在交往与沟通过程中是十分常见的。当然，如果在含蓄的语言中能够带有风情和生动，自然也能使你更具有魅力。在工作沟通过程中，不管是你的上司还是同事都希望你能够用生动富有魅力的语言来表达自己的观点和思想。生动的语言能够将你们之间的沟通变得轻松自在，富有人情味，同时还能够达到更好的效果。

含蓄是语言风格美的一个十分重要的方面。含蓄的本质涵盖到语言交际中的可传达性与不可传达性的矛盾。人们通过充分认识这种矛盾，能动驾驭，巧妙运用，使之具备了丰富的审美意义。当然，在人与人的交流中更需要语言含蓄而生动，一个人说话直来直去势必会伤害到他人，无意间会成为别人的“敌人”。在工作中，如果你总是说话死板、语言笨拙，那么谁又会喜欢和你一起工作呢？

刘倩倩是一家广告公司的文案人员，平时自己的工作就比较灵活，具有创造性，这为她的人际交往和交流打下了基础。刘倩倩是公司中最受欢迎的人，因为她“会说话”。

一次，一位公司的大姐想让她周六帮自己搬家，但是刘倩倩周六有亲戚来家里玩儿，而且是在这位大姐说让自己帮忙之前，那位亲戚就已经定了周六来自己家里做客。面对这样的情况，刘倩倩说道：“大姐，您周六必须搬家呀？不能周日搬家吗？”那位大姐说已经跟房东定了周六搬家。刘倩倩继续说道：“真讨厌，早知道您搬家，我就不让我大娘一家人来玩儿了。这样吧，周六我早点打发他们走，他们一走我就帮您搬家去，搬家可是大事儿。”那位大姐一听刘倩倩这么说，心中感激不已。

很多时候，一个说话风趣的人往往是最受欢迎的人，工作中，经常会看到上司赏识那些说话生动风趣的人。即便是在与客户交流的时候，客户也会更加喜欢说话有趣的业务员或者推销员。

刘斌是一家保险公司的经理，他也要时常去拜访客户，并且与客户的关系都很好，很多客户都将他当做是自己的好朋友，原因是他说话真诚风趣。一次他去拜访一位男性客户，正碰上那位客户过四十岁的生日。

他敲门进去之后，才意识到这件事情，便很风趣的说道：“李哥，您过完四十岁的生日就真正是一朵开放的鲜花了，俗话说得好‘男人四十一朵花’嘛，您会越来越年轻的。”说完之后，客户听了开心不已。

在工作中，一个人的能力体现在多个方面，其中语言沟通就能够全方位地展现出这个人的能力。在职场中，一个说话风趣生动的人要比一个说话呆板的人受欢迎；一个说话含蓄文雅的人要比一个说话直来直去的人受重视。因此，应该注重提升自己的语言修养。

要做到言语含蓄又不失风趣生动，就应该从平时做起，多注意以下两个方面的积累：第一，多进行知识积累，尤其是不断提升自己的文学修养，这是保证语言含蓄文雅的关键所在。第二，考虑事情要全面，不要将思维固定在一个点上，这是保证语言风趣和生动的基础。

妙用语调——抑扬顿挫感染听者

所谓的抑扬顿挫指的是声音上的高低起伏与停顿转折，从管理学的角度看，就管理工作而言，它指的是在相应的语言表达的过程中一系列的停连、重音、语气、节奏这些要素的正确运用。这些要素都应该是管理者所必须掌握的基本功。可以说如果想要真正地把“抑扬顿挫”运用自如并且可以恰到好处，能够让管理者实现声情并茂，是需要下一番苦功的。

语调抑扬顿挫的基础是正确停连。所谓的停连，不外乎就是停顿与连接，这两者是相辅相成有机统一的整体。在管理者中，说话段落之间、语句之间、词与词之间总有休止、中断的地方，这都属于停顿的范畴；连接就是那些有标点符号的情况下不休止、不中断的地方。在工作中与人沟通，一定要善于利用语调来渲染气氛，从而给对方留下深刻的印象。

说话中感情的使用迫使我们不能机械停连，而应灵活处理。语调从严格的意义上来讲应表述为：在某整句话与整句话中的某个语言片断所展现在语音上的一系列的抑扬顿挫。在日常口语的交际中，语调所能传递的信息往往比语义多得多，它能够对听众的心理产生出极其微妙的作用，因此它比语义更为重要。沟通需要抑扬顿挫的语调，这不是演讲者的专利。因为这种沟通方式能够让你变得更加具有魅力，如果你是一位管理者，那你的话语会更具有震撼力，你的下属也会很享受聆听你的指导和讲话。

据说，被人称为摩契斯卡夫人的波兰明星去美国参加演出的时候，她的一位热情观众请求她能够用波兰语讲几句话。于是她慢慢地站了起来，随和地开始用波兰语念出流畅的台词。美国的观众自然是听不懂她说了什么，了解台词中的含义，但是的确感觉到非常愉快。

接下来摩契斯卡夫人的语调逐渐地转为低沉接着往下念，在慷慨激昂与悲怆万分时戛然而止。台下的观众跟随这这位夫人的讲话逐渐变得鸦雀无声，也跟她一并沉浸在了悲怆的情感之中。就在这时，一个男人在台下大声地笑了出来，这个人是波兰的摩契斯卡伯爵，也就是摩契斯卡夫人的丈夫，因为他听到自己的夫人刚刚所念出的台词，实际上就是用波兰语背诵出的九九乘法表。

通过这个故事我们可以得到一种结论，那就是语调可以绽放出如此不可思议的魅力。即使沟通对象根本就对其意义毫不明白，也可以为之所感动，语调甚至能够完全掌控他人的情绪。因此，不得不说声音真的很重要，对于管理者来讲也是一样的。

“请开口说话，我才能看清你。”是希腊哲学家苏格拉底经常说的一句话，因为人的声音来自人体内在，是一种个性的表达，是人的一种内在的剖白，透过声音我们可以了解他人的内心，无论是畏惧、犹豫和缺乏自信，还是喜悦、果断和热情。一般说来，语调越是多样化、越是生动活泼，其吸引力就会越大。因为抑扬顿挫所构成的语言具有了自然和谐的性质，能够更加细致地表达出说话人的思想感情以及语气。作为管理者更应该学会用音调来吸引自己的下属和客户，这样才能够体现出自己的个人魅力。

相同的一句话，用不一样的语调去表示，就可能会带给其他人不同方面的理解。有的时候文明的语言也可能去揭示一种不尊敬对方的信息，而相反，有一些并不礼貌的语言用在了非常亲近的人之间，却能揭示出一种亲密无间的信息，这其中语调分寸感的使用是关键。是否能够恰当地运用不一样的语调，能够称得上是衡量一个人口头表达能力的重要标志之一。

在工作中，与他人进行沟通时，我们应该尽力使得自己说话的声音如音乐一般能够渗进人心，从而达到说服别人的目的。在表示疑问时，我们可以稍微将句尾的声音提高，在需要强调时，可以增大声音的起伏，想要去表现强而有力的情感时，就应该把调子降低抑或是逐渐提高。总之，千万不要吝啬你的语调，不要使得你的语气过于单调，因为如果想让自己的话更具有说服力，音阶的变化会帮助你。热情会展现在音阶的变化中去感染听者，从而产生说服的力量，这样才能够达到更好的沟通效果。

点睛结语：

人与人交流，关键是心灵的沟通，作为管理者要学会真诚的和别人交流，只有真诚才能够换来别人对你的真诚。有很多比较理性和枯燥的话题，要想能够让对方很快接受和理解，必须学会感性的交流方式，含蓄地说出自己的想法，用自己的幽默来感染对方，舒缓交流的紧张气氛。用自己抑扬顿挫的语气来让对方感受到你的真诚内心，只有这样沟通才能够达到很好的效果，你才能够通过沟通达到自己的目的。

第十章
与同事沟通
——要讲究态度的平和

工作场所要讲究说话的水准

沟通通常是指人与人之间、人与群体之间的思想与感情进行传递和反馈的全过程，最终以求思想达成一致和交流情感。而人是社会中的人，人的活动离不开一定的社会关系和范围。当我们处于职场生活的社会关系中，就必须能够通过沟通来处理复杂的职场关系，其中与同事沟通是重要的一部分。做好与同事之间的沟通有着十分重要的意义，而要想和同事建立良好的关系，必须做到工作场所要讲究说话的水准。

同事不仅是我们工作中的伙伴，也是沟通的重要对象。要想和同事合作愉快，沟通技巧是必不可少的。与同事沟通，讲究说话的水准，要做到以下几点。

切忌趋炎附势，攀龙附凤。在职场中，做人更需要光明正大、诚实正派，千万不要人前人后两张面孔。在与同事交流时，更要注意这一点，不要在语言上有溜须拍马的成分，不然会给同事不可信任的感觉。

王正之前自己做工程，虽然是初中文化，但是在社会中混了十几年，这让他也有了不错的人脉关系。之后，经过朋友的介绍，他成为了一家大的建筑公司的员工，在工作中，他还在用自己在社会上的那一套，见人之后首先是溜须拍马、攀龙附凤，同事们都叫他“老油条”。他说的话，同事们都觉得不可信，所以在公司待了有两个月的时间，他就辞职了。

不要夸夸其谈，言论夸张。有的人在与同事交往时，习惯性地夸大自己的能力，或者是喜欢吹牛，这都会影响自己在同事心目中的印象。没有人喜欢和爱自夸的人一起工作，人们喜欢听一些谦虚的话，所以说要做到说话有水准，必须要谦虚谨慎。

“吹牛张”是同事们对张凤宇的称呼，因为他平时爱吹牛，不管是做什么工作都喜欢吹牛，同事们就给他起了这个外号。张凤宇不管是在谁的面前都爱吹牛，就连公司领导都知道“吹牛张”只会吹牛，能力却不够牛。一次，公司有一个晋升的机会，就因为他经常吹牛，这次机会白白地让给了别人。

说话有根据，不要想起风就是雨。工作是一个需要理智的场所，不管你的性格是什么样的，在你说话之前都应该有一定的根据，千万不要散播没有根据的谣言，更不要随便说出自己的想法。在说话之前一定要经过大脑，再三考虑，只有这样才能够说出有事实根据的话，才能够说出有依据的话。

爱散播谣言的小章，几乎成为了公司的“传话筒”。不管是什么事情，只要是让他知道了，他都会大肆宣传，将白的说成黑的，将黑的说成白的。一次他看到部门经理在下班时间和秘书小文在喝咖啡，到了公司就宣扬说：“小文在和部门经理谈恋爱。”而事实是，那天下班部门经理和小文在咖啡厅等着见客户。这个谣言的传播，对小文和部门经理产生了很不利的影响。最终，小章也因为这件事情被通报批评。

职场上说话要有水准，这是一门学问。当与同事交流时，我们应该做到相互尊重。只有在尊重的基础上才能够做到心灵的沟通，如果你不尊重对方，总是用语言来攻击对方，那么自然两个人的关系就会恶化，不仅影响到你的人际交往，也会对你的工作产生负面效果。

当同事犯错误时，你更应该注意自己的说话水准，做到不批评、不责备、不抱怨、不攻击，因为批评、责备、抱怨、攻击这些都是刽子手，只会让事情变得更加糟糕。如果你说了不该说的话，往往要花费很大的代价来弥补，俗话说得好，“一言既出，驷马难追”，所以千万不要信口雌黄、口无遮拦。

理性的沟通，不理性不要，如果你能够做到理性的说话，那么你所说的话便不会对你的工作和形象产生不利的影响。不理性的言语只有争执的份，不会有任何好的结果，所以和同事交往一定要做到说话有水准。

说话有水准，才会受人喜欢，才能搞好与同事之间的关系。要想让同事喜欢你，你就要经常说这样的话：

（1）在出现沟通危机时可这样进行表达："我们似乎碰到一些状况。"以这种最委婉的方式来传递坏消息，要不带情绪起伏的声调、从容不迫地说出这句话的含义，从而让同事觉得事情并非是没有办法解决，而且听起来像是你将与同事站在同一阵线、并肩作战。

（2）在同事面前多说别人的优点，如："小李的主意真不错""小旺真有能力"。尽量体现出团队精神，给对方鼓励和赞美，总是能够让对方心情舒畅，对你更加信任。

（3）表达同事的重要性："这个事情没有你不行呀。"棘手的工作你如果无法独立完成，怎样开口才能让那个擅长这方面工作的同事心甘情愿地助你一臂之力呢？适时地夸奖对方，那些好心人为了不负自己的名声，通常会答应你的请求。

（4）不要急于下结论："让我再仔细想想，两点钟以后答复你好吗？"同事问了你某个与业务有关的问题，而你不知道该如何作答，千万不可以说不知道。这样表达能让同事认为你对这件事情很用心。不过，事后可得做足功课，按时交出你的答案。

（5）多征求其他人的意见："我很想知道你对这件事情的看法。"恰如其分地讨好，表达同事的重要性，这样会让同事对你刮目相看。

社交本身就是一门很深的学问，读懂了这门学问，你将会在人际交往中游刃有余。在职场上，要做到说话有水准，你可以从这四个方面出发：第一，没想清楚的话不说；第二，带有情绪的话不说；第三，损人不利己的话不说；第四，不利工作和关系稳定的话不说。

与同事闲谈要注意说话分寸

说话是一门很深的艺术。俗话说得好："甜言一句三九暖，恶语伤人六月寒。"通过谈话，我们可以获得很多有价值的信息，可以结交到友谊，同样也可以看清一个人的性格和内心。在与同事闲谈时我们应该把握说话的分寸，有人认为，既然是闲谈，那就无须多加思考，说什么都是所谓了，而事实却并非如此，说者无意，听者有心。一句简单的闲谈可以促使你与同事间的关系变好，也有可能会毁掉一段感情。闲谈应注意分寸，有时祸从口出。

与同事闲谈要注意说话分寸，应该懂得如何巧妙地聆听别人。要知道聆听对方的目的是为了能够把握好自己说话的重点，避免说到对方的心痛之处，更是为了避免刺伤对方的自尊心。所以说闲谈需要聆听，聆听就是一种沟通。

沟通是一个信息交流的过程，在沟通的过程中，你应该站在对方的角度进行思考，不要以自我为中心，如果你只懂得从自己的角度思考，那么你说出的话自然是"不中听"的，也会在无意中伤害到同事的自尊。出口前一定要做到先思考，三思而后行。有些人际问题就是出在表达方式不恰当上，明明自己是出于善意，却让人听起来充满压力和攻击性。同样一句话，用错语气、速度、词汇，都可能会起到相反的效果。因此，即使跟再熟的人交谈，说话也别不经大脑就脱口而出。

王明和小董同为一家公司的销售人员，两个人在业务能力上是存在差异的，王明业务能力比较弱，业绩连着三个月都不是很好，相反，小董业绩较好，多次受到上司的表扬。

一次，两人在办公室，因为一点小矛盾发生了口角，错在小董，小董无辩解理由，情急之下他便拿销售开始说事，贬低王明的销售能力，并大力宣扬王明是个没能力的人，之所以能够在公司继续工作是因为有人脉关系的支撑。王明一气之下，将这件事情告诉了经理，经理不但批评了小董，还将很多大的客户给了王明，两个人的关系更是变得冰火不容。

在与同事交谈时，也应该注意谈话的内容。虽然是闲谈，但内容也应该有所选择。最好不要聊同事的隐私，少谈本单位的事。同事之间有很多可以聊的话题，但是不要涉及别人的隐私和工作。别忘了你怎么对人家，人家就会怎么对你。在涉及具体个人的是非八卦时，应该选择中立的态度。总之，要学会“参与但不掺和”。

近几年达成公司都是从名牌院校招聘学习优秀的研究生来充实公司的实力，这一年达成公司从一所大学的金融系招聘了毕业生路撒到自己公司的风险管理部工作。

路撒是一个勤奋的学生，从小到大，她的学习成绩一直很好，成长的道路也是比较顺利的，性格单纯直爽，总是愿意把自己的想法说出来，喜欢与同事聊天，认为这样能够增进感情。但最近她发现很多人都不太愿意和她说话了，这让她产生了困惑，也十分苦恼，直到部门主管找她谈话，她才认识到了交流的关键。

部门主管了解到，问题出在路撒平时没有注意和同事说话的语气和态度上，比如，路撒在和同事交谈的时候，总是讨论别人的因素，甚至当着前辈的面，说一些高傲的话，虽然路撒说者无心，但是一些人就会产生不好的感觉。部门经理告诉路撒说话一定要低调，不要议论别人的隐私，此时路撒才明白自己闲聊时得罪了别人。

闲谈要分清对象，在和不同年龄段的同事聊天时，一定要选择不同的话题，和年轻人聊天，比如食物、衣服、时尚都是不错的话题，而和一些中年人聊天时，教育、子女也是可以闲聊的。所以在平时要多留心同事的爱好和性格，寻找共同的兴趣点。

闲谈并不是随便谈、随意说，它也有自己的讲究。闲谈时把握好自己说话的分寸。比如，涉及他人隐私的事情不要随便说；涉及公司秘密的话不要随便说；涉及领导工作和私人关系的话不要说。

善于用巧语化解同事间误会

同事之间常在一个屋檐下工作，难免会有磕碰，产生误会。误会的产生，通常是一个人把自己的成长感悟强加给了对方，误会可以用公式来表达：某人的信息 + 自身心理背景 = 自我理解。可见如果一个人自我心理背景与对方信息产生了不一致，就会产生误会。误会一旦产生，就是对方给予的信息并不是自己理解的那样，或者说自己理解的信息并不是对方表达的含义。可见误会其实是一种假象，也是一种心理影像。

与同事交往的过程中，误会是很可能出现的。当一个人说出的话，想表达自己想要表达的意思时。却没有得到所希望得到的回馈信息，自然就会产生误会。误会的产生，首先影响的是人际关系。总之，误会如果得不到很好的解决，会让同事之间产生隔阂，时间越久，误会越不容易解决。

在一家公司中，小旺对另一位同事说："要想取得成功，你必须认真刻苦的努力，不然要得到成功就是妄想。"小旺的出发点是成功需要付出努力，他希望用这些话来激励同事产生奋斗的动力，再加上小旺是通过努力取得了一定的成绩。然而还处在失败地位的同事，听了这些话之后不但没有觉得小旺是在激励自己，反而会觉得小旺是在故意给自己施加压力，甚至是在嘲笑自己目前的失败。于是，两个人之间就产生了误会，这种误会就会让人和人之间的关系产生障碍，而不利于亲近。

有人认为，产生误会以后，如果责任是在自己这一方，不妨“有则改之”；如果是在对方，那只能“时间是澄清误会的明矾”，让时间来解决一切了；也有人认为，“平生不做亏心事，半夜敲门心不惊”，认为误会是因为自己做了亏心事才会发生的。

误会终究是要消除的，是非终要有定论，只是一个时间问题而已。因此，发生误会后，不妨坦然置之，千万不要觉得自己受了莫大的委屈，甚至开始产生抵触情绪，这样只会让彼此的误会变得更深，影响到与同事之间的感情。如果你想要尽快地解决误会，就要懂得利用语言中的巧语。

用巧语化解同事之间的误会矛盾。我们应该懂得利用幽默，因为幽默是一种润滑剂，这种语言能够使紧张的气氛得以缓和，打破同事之间尴尬的局面，营造出一种轻松的环境。幽默同时是一种力量，这种力量能够将误会击败。

用巧语化解同事之间的误会矛盾，我们应该懂得睿智。睿智不仅仅是一种理性的高度，也是思想上拥有一定的内涵。

当某主持人步入台上的时候由于内心过于紧张，一不小心差点摔倒在地上。此时，台下是一片惊慌与诧异，睿智的主持人为了能够化解这种尴尬的气氛，站起来从容不迫地说：“我为你们的热情而倾倒了。”这种幽默的说法瞬间化解了误会，使场上的气氛很快从紧张转为活跃，该主持人也因此迎来一片掌声。面对这种情形，杨澜也幽默地说过：“真是人有失足马有失蹄啊，看来今晚的舞台真的挺不容易上的。”

化解同事之间的矛盾误会，要尽量给对方一次机会。人不可能永远顺利，甚至常在碰壁的过程中学习相处，因此，当出现误会时，绝对不要因为这次的事情给对方“判死刑”，不妨给对方一次改过的机会。只要说一句话，可能是“对不起”或“谢谢你”，就能化解原本的不良互动，达到消除误会的目的。

误会时有产生，用巧语化解误会是解决误会矛盾的捷径。走这条捷径我们就要懂得利用幽默与智慧，因此在工作中我们应不断去积累语言、锤炼语言、感受语言的魅力所在。这对与同事和睦相处，建立良好的人际关系，为自己的个人发展具有重要的意义。

对同事积极配合不越位擅权

我们的社会处在竞争十分激烈的时代，在职场上，那种“鸡犬之声相闻，老死不相往来”的时代已一去不复返了。社会需要合作和竞争并存，在竞争的基础上要求人们去积极合作，在合作的基础上又能够友善的竞争，这一时代特征表象越来越明显，那么这就要求我们在工作的过程中，能够积极地配合别人完成工作，同时做到不越权不擅权。

所谓合作才能产生共赢，那么究竟什么是合作呢？合作就是指两个或两个以上的个体为了达成共同目标或者是共同利益，而自愿地去结合在一起，通过相互配合协调的方式来实现目标和利益，最终个体利益也能够获得满足的一种社会交往活动。在与同事相处的过程中，配合对方完成工作的场景时有发生，那么就应该掌握一定的合作法则了。如果不懂得合作的技巧和法则，非但不会达成共同的目标，反而会影响到与同事之间的关系。

善于合作，不仅能够促成人们从生活中找到乐趣，而且也能从工作中找到乐趣。当同事处在困境中时，如果你能够积极地伸出援助之手，那么当你遇到困难时，别人也会来帮助你。相互合作、积极配合才能出高效，但在配合中应注意不越位擅权的问题。不管你是出于怎样的好心，都要注意不能超越自己的职责权限范围。只有这样才能建立良好的合作环境和合作关系，最终达到双赢的结果。

根据财务工作的一般流程，业务人员在收到客户送来的银行承兑汇票之后，首先要做的是将其交给会计人员。会计人员在完成记账后，将汇票交给出纳人员，由出纳员和有关人员共同对其保管，到期时到银行办理收款手续等。

由于王长根长期在营销部会计岗位上工作，对这一程序是相当了解的，渐渐地他产生了挪用客户预付账款余额的想法。因此，王长根先是对业务人员交过来的客户银行承兑汇票进行详细的分析，对那些短时间内没有业务的客户的银行承兑汇票，他采用了既不入账，也不交给相关人员保管，而是留在自己手里，并擅自转让给他人注册的公司，这样就能到银行贴现从而套取现金了。王长根的这一做法属于擅权，超越了自己的职责权限活动。最终在给公司造成现金损失的同时，自己也受到了法律制裁。

在不擅权的同时与同事相互配合，就意味着每个员工有每个员工的详细分工，也有着自己的角色扮演。合作的每一次行动，公司的每一个目标，这都要依靠每一位成员能够完成自己的角色和任务。对同事积极配合，可以提高工作效率，也能够促使效率更大化。

很多人在配合同事完成一项工作的时候，总是会犯越权的毛病，这不但不利于工作目标的完成，更会影响到彼此之间的关系和以后的合作。每个人在工作中的职权是有所区别的，你没有必要去办理别人职责范围之内的事情，即便是工作需要，也要经过对方的统一才行。

刘晓峰是公司的一名司机，他平日的工作是带着跟单员和货物满北京送货。因为自己所在的公司规模比较大，在北京稍微大一些的卖场都是需要定期送货的，因此，公司给其配备了一名跟单员。

一天，跟单员小张因为生病了，向公司请了假，那天正好公司安排刘晓峰向一家大型卖场送货，这次货物要得很多，刘晓峰自己开车就去了，在将货物送到之后，刘晓峰觉得应该帮小张记录一下发货单，便好心地帮其写下了这次的发货数量等。

每个月末，领导都会对相关的记录进行核对检查，不料发现小张的单子上有一次数目不对，经过核实发现正是刘晓峰记录的那一次，这不仅给小张的工作带来了麻烦，也影响到了刘晓峰的工作，经理责备刘晓峰不该做越权的事情。

虽然刘晓峰出于好心，但是却办了坏事。在与同事的协调工作中，一定要注意尊重同事的工作职责，相互配合工作，更要以不越权不擅权为基础。只有做到这些，才能够更好地和同事建立和睦的工作关系。

在与同事进行合作时，怎样做到不越权不擅权呢？第一，有商有量的工作，不要专断。第二，合作中也有分工，做好自己分内之事也就是在很好的达成合作。第三，信任同事的能力，不要什么事情都揽过来自己做。

同事相处融洽和谐不带情绪

我们每天都要和人接触，工作中我们会处理和同事的关系，我们的心理状态会因为人际关系的变化而变化。和同事和谐相处既是一种能力又是一种必须。建立融洽和谐的同事关系，需要依托有效的聆听和高效的表达，倾听才能了解对方的内心需求，表达才能进行有效的沟通和交流。

要想能够与人和谐相处，就要具备豁达的胸襟，一个心胸狭窄的人是无论如何也处理不好与同事之间的关系的。在与同事交往中，应该允许同事存在缺点，毕竟世界上人无完人，每个人都存在缺点和劣势，如果你能够以宽容的态度对待同事，自然相处起来会变得相对容易。

如果你想要和同事建立良好的关系，那么不妨时不时地表扬对方。但是在表扬对方的时候需要注意的是要掌握分寸，不要一味的夸张，从而使人产生一种虚伪的感觉，这样会起到相反的效果。

要掌握与同事交谈的技巧，这是身为职场中人，应该学会的知识。在与同事交谈时，要注意倾听对方的讲话，并给予适当的反馈。聆听对方讲话时，一定要表现出认真的状态，千万不要东张西望，最好是能够给对方眼神上的交流。在表达自己思想时，要讲究含蓄、幽默、简洁、生动。含蓄的表达方式能够让你显得更有修养和魅力，如果有分歧存在，你不妨积极地去给对方进行解说，最好能够用幽默的方式来缓解彼此之间的尴尬气氛。

司炳煜的工作表现一贯不令主管觉得满意，但主管平时也比较忙，一旦发现司炳煜有什么问题也只是进行简单的口头提醒。在工作上，主管为了提高司炳煜的工作能力和态度，也曾特意安排一些简单的培训让司炳煜参加，有时安排司炳煜向其他同事学习操作技能。一次，主管要求司炳煜和另一位同事共同完成一项工作，没想到司炳煜总是迟到，影响到了工作的进行。同事好心地提醒他不要总是迟到，免得被主管发现。不料司炳煜却冲同事嚷道："你少拿主管来压我，我才不怕他呢。"

司炳煜还是每天迟到，同事忍无可忍，将这件事情告诉了主管，主管将其叫到办公室，责骂了他。不料司炳煜却责备同事爱打小报告，骂同事是“小人”。从那之后，同事就再也不跟司炳煜说话，司炳煜渐渐地被孤立了起来。

同事之间的沟通通常是发生在许多种情境中的，有时候发生在两个人的交谈中，有时候发生在公司集体的研讨会中，在不同的情境中，都要注意与同事的交流和沟通，避免因为自己不经意的话影响到同事的心情，激化两个人的矛盾。人际沟通通过各种不同的媒介进行，当然要根据所处的情境的不同而有所变化。因此在复杂的交际过程中，我们必须要建立与同事的和谐关系。总的来说，每个人在与别人交往时，都会怀有一种与他人保持某种关系的期望。这种沟通是在一定关系情境下发生的，这种行为的进一步发展往往能够帮助交流者进行协商和确定彼此的关系。

和谐的人际沟通能够改善我们的身心健康，在工作中，体现出来的好处就是能够在工作中变得心情舒畅。人际沟通能部分满足我们在工作交往过程中的生理需要，更能够让我们获得一定的物质需求。

李娜是一个容易情绪化的员工，不管是因为什么事情心情不好，都会带到工作中来。一次，因为和男朋友吵架，她心情很不好，工作的时候，同事无意间跟她开了个玩笑，在平时她也经常会跟同事开玩笑的，这次因为她情绪不好，同事开玩笑让她变得更加情绪化，她将憋在肚子里的气，一下都冲着同事发了出来。

同事感到十分委屈，哭着跑出了办公室，李娜这才觉得解恨。从那之后，那位同事再也不跟李娜讲话了，她们成了办公室中的两个“绝缘体”，再也没有任何来往了。

搞好人际关系是一门高深的艺术。所有的人都需要不断地学习和实践，尤其是在工作中，我们更应学会很好的处理与同事之间的关系，避免出现伤害同事自尊的事情发生。融洽和谐的同事关系能够使我们在良好的工作环境下收获到快乐，那么我们何乐而不为呢？

要和同事建立融洽和睦的关系，应该注意以下几个方面：首先，你再生气，也不要冲同事发火，毕竟同事没有惹你生气。其次，对待同事的事情，不要指手画脚，你毕竟不是同事的亲人。最后，有的话不能说，有的玩笑不能开，说话要注意分寸。

作为管理者，如何把握自身言行分寸、用词恰当、说话语气平和呢？第一，为人要低调，不要自吹自擂，即便是管理者也要做到低调为人；第二，适当恭维，勿随意唱反调，和上司交流尽量不要违背上司的意愿；第三，维护尊严，不批评不讽刺。

在与同事善意沟通消除隔阂的过程中，要做到尊重信任，主动沟通；学会换位思考，互惠互利；如果出现不同观点，做到求同存异，互相补台；学会摒弃偏见，相互激励；了解对方的思想，及时关怀。

如果你们是正副职的关系，正职或排名在前的要克服心灵优越感；副职或排名在后的要真诚合作，不可在背后说对方坏话；更需要尊重对方的人格，做到相互激励；不要相互贬低，互不服气。

点睛结语：

职场中，同事关系是十分微妙的，你们之间既存在竞争又存在合作，所以说要达到很好的沟通，前提必然是关系的维护。在维护好同事关系的过程中，要学会和气生财，掌握自身说话的分寸，不要瞎说乱说。即便是双方存在误会，也应学会用巧妙的方式去化解，避免情绪化、冲动办事。与同事沟通，切忌在背后说别人坏话，更不要口无遮拦，想起什么说什么，如果你想起什么说什么，必然会引火上身。

第十一章

与上级沟通

——要讲究分寸的把握

上司面前说话注意悠着点儿

在公司日常经营管理活动中，管理者正确处理与下级的关系直接影响到管理活动的成败，从而也会影响到企业的经营效益。然而作为下级，如何正确处理与上级的关系直接关系到能力的发挥以及个人人生的规划，更重要的也会影响到公司的经济效益。因此与上级沟通应该注重讲究分寸，在上司面前说话注意悠着点儿。在上司面前说话悠着点儿，并不是要求我们在上级面前说话畏首畏尾，胆小拘谨，唯唯诺诺，这样只会引起上级的反感与轻视。相反，这里所说的与上司说话注意悠着点儿指的是把握说话的分寸，言行举止得体，不夸张不造作，该说话时说话，坚持适度的原则。

为了进行有效的沟通，下级必须处理好与上级的关系，正确处理好在公司的人际关系，把握好下级对下级的交往艺术。在社会上有很多这样的领导者，他们具有领导才能和良好的领导素质，在属下中也很有威信，同事之间也能良好相处，然而，他们却不能处理好与上级的关系，其中很大一部分原因是在处理和上级的关系时没有把握适度原则。

与上司沟通应该注意场合，选择好交流的时机。人们都很清楚，在领导者的心情好的状态下，与其沟通往往会产生好的效果。比如，当领导者在工作顺利、心情轻松的状态下，你选择与其进行工作沟通，一般会得到你想要的结果。和上司交流需要选择一个比较适当的场合，营造出适合沟通的氛围。如果领导心情不好，你的意见和主张他很难听进去，此时也不便于进行沟通，所以尽量避免在这时候去向领导请示和汇报。

刚刚升职为市场部经理的欧阳，为了实现“新官上任三把火”的目的，经过一定的市场调查和同行间的论证，制订出扩大销售市场业务、抢占外地市场的计划书。要想让这份计划得以实现，必须有很大的人力、财力、物力的投入。欧阳心里明白，按照公司目前的运营情况来看，这个提案是很难通过的，要想使这一计划得以通过，必须要讲究策略。

这天，欧阳借着总经理出差回来的机会，提出要为老总接风洗尘，总经理自然会答应。欧阳特地安排了一家具有风味特色的小店就餐，并且带上了自己部门中参加过市场调查的几个业务人员。因为这家小店是老总从来没有来过的，自然吃得很满意，连连夸奖欧阳安排得好，既省钱又有特色。欧阳看到此时是好时机，就将自己制订的销售计划书交给了老总，并不断强调实施这项计划对公司业务发展的重要性和必要性，随同的几位业务员也在补充着欧阳的话。老总看计划书准备得如此充分，当即表示同意，并答应三天内召开董事会专题研究这项计划和方案。

在与上级沟通的过程中，应该心怀仰慕，交往一定需要把握尺度。领导者的权威是不容挑战的，有些领导的能力虽然看似平平，但不要因此认为这样的领导性格就是平平的，他能坐到现在的位置，一定有其过人之处。无论领导是否值得你去敬佩，作为下属都必须要尊重他。下级对上级的沟通，应该把握好自己的态度，说话一定要讲究分寸。与领导谈话时，要采取委婉的语气，切忌意气用事、狂躁乱语，更不能放任自己的情绪。要学会有一个积极乐观的心态，向领导叙述重要的事宜。

机关领导大都有节后领导走访下属办公室的习惯。春节刚刚过去，员工都开始上班了，在上班的第一天，李局长来到一个科室，正巧遇到科室人员召开新一年工作碰头会。大家都认为李局长是一位很有能力、值得尊重的领导，在机关中也是受到上级赏识的领导。

李局长跟大家寒暄了几句，决定听一听大家的工作汇报。此时，年轻的副科长小王为了讨好局长大人，也为了得到领导的重视，抢先说："李局长，您一个假期肯定没有休息好！您瘦啦！这全是干工作累的，看您累的，您要注意休息啊！"但是李局长并不买他的账，说道："你什么眼神？放假这么多天，我还胖了五六斤呢！"李局长这话一说，全体科室人员都乐了，年轻的王副科长感到无地自容，心想自己真不该在上司面前说话这么没有分寸。

下级对上级说话悠着点儿，关键是把握好说话的尺度。在日常生活和工作中，不管你对领导是否仰慕，对于领导个人的事情，作为下属，千万不能妄加评论和发言。对领导提出的问题发表评论时，应当掌握恰当的分寸，不要一味的赞同。当然，领导也有失误的时候，在面对领导失误的情况下，下属更应该小心自己的言辞了，千万不要有任何不尊重领导的想法。

要想在领导面前做到"完美"，那么在言辞上应该有所注意。第一，不要想起什么说什么，要在说话之前看看自己所说的内容是否影响到领导的"尊严"和"面子"。第二，不管你与领导关系多好，都要将领导当做领导，关系再好领导也不会成为你的"哥们儿"。第三，该说话时再说话，别成为领导心目中的"话篓子"。

明朝开国皇帝朱元璋，少年时家境清贫，经常和一些穷孩子放牛砍柴。后来朱元璋做了皇帝，他儿时的一些穷朋友还过着很清苦的日子，大家听说朱元璋做了皇帝，都想找朱元璋沾点儿光，弄个一官半职。其中有两个与朱元璋小时候玩得最好的朋友，他们一起来到南京，拜见朱元璋。

第一位穷朋友见到朱元璋很高兴，便兴奋地当着文武百官的面说道：“还记得我们曾经一起割草吗？那次，我们在芦苇荡里偷了好多蚕豆，然后放到瓦罐里去煮，还没等煮熟你就抢着吃豆子，把瓦罐都打破了，豆子也撒了一地。豆子掉在地上沾上了树叶和干草，你不顾这些，抓了一把豆子就往嘴里塞，却不小心连着叶子也塞嘴里了，结果一根草棒卡在了喉咙里，卡得你直翻白眼，最后还是我帮你弄出了那根草棒，不然，你哪有今天啊！”

朱元璋一听，顿时脸色大变，连忙喝叫武士将他推出去斩首。可怜他做官未成，先丢了性命。

紧接着，朱元璋又问同来的另一位穷朋友：“你有什么说的？”

那人连忙答道：“想当年，微臣跟着陛下您东征西战，一把刀不知道砍了多少‘草头王’。陛下每次都是冲锋在前，抢先打破了‘罐州城’，虽然让‘汤元帅’逃走了，但却逮住了无数‘豆将军’，不料却遇着‘草霸王’挡住了咽喉要道，多亏了‘菜将军’及时帮忙，不然，哪还会有今天啊！”

朱元璋听了，顿时心花怒放，并且夸奖道：“这才是寡人的功臣啊！”随即封他为将军。

这个小故事说明了在与上司沟通时尊重上司的重要性。无论你与上司的关系是多么融洽，都不要当众随便说话，尤其是说一些伤害到上司自尊心的话。

与上级沟通的六要四忌：“六要”是指要尊重上司、要勤于沟通、要简洁明了、要急事快为先、要重视书面材料、要绝对服从上级；“四忌”是指切忌越级上报、切忌有问无答、切忌争功请赏、切忌报喜不报忧。

汇报工作时要懂得轻重缓急

下级应与上级进行有效的沟通，向上级汇报工作是进行沟通的一部分。下级对上级汇报工作，也就是将本单位、本部门的工作进行到一定阶段时，向上级汇报工作发展情况，让领导心中放心。下情上达的方式，是上级及时掌握工作进度，了解工作人员分工，分析成绩与不足，困难与问题的关键环节。为了实现这个目的，下级则需要利用共同的符号系统，比如语言、图像、文字、表情、记号及手势等，以直接或是间接的方式来传递给上级，从而使上级了解到自己的思想、做法等。一名合格的下级工作人员是善于向上级汇报工作的，他们懂得什么时候向上级汇报工作以及汇报工作的顺序，更懂得汇报工作时是要分轻重缓急的。

每个工作人员可能每天都会有很多种工作安排，而领导不可能每天都有时间听你的工作汇报，此时，作为工作人员的你就应该明白哪些工作是需要你先完成的，在工作汇报的过程中，哪些工作是需要提前汇报的。对于哪些工作要先完成，哪些工作可以滞后这个问题，麦肯锡公司给出了这样的答案：应按事情的“重要程度”进行优先次序的编排。这里提出的所谓的“重要程度”，也就是指对实现目标的贡献大小。对实现自己的工作目标越有贡献的事务越是重要，它们越应获得优先处理的“特权”；相反，对实现目标越是没有太大影响的事情，就越不重要，它们应延后处理。简单地总结为根据“我现在做的，是否使我更接近目标”的这个原则来判断事情的轻重缓急。

汇报工作更需要懂得轻重缓急，汇报者在进入办公室之前，应该要明确沟通的目的性。如果目的不够明确，就意味着你自己也不知道工作重点所在，这样领导对你的工作自然不能满意。在你的领导正在大汗淋漓地忙于自己的工作时，你却要用不明确的汇报态度去占用他很多时间，那领导自然不会对你产生好印象，所以，要想很好地达到沟通效果，必须掌握好沟通的时间、重点。你要学的就是透过汇报的语言来促使领导在短时间内了解到你的工作内容，对于沟通，要主题明确，重点突出，资料准确，说服力强。

工作中我们经常听到领导这样去表扬自己的下属："小周，你今年工作很努力，成绩突出。希望你明年再接再厉，为公司作出更大的贡献！"如果你听到上司这样对你说，会有什么感受呢？我的工作还是没有得到上司的认可，表扬的是套话。或许在一旁的小王就会想：我和小周所做的工作是一样的，我比他也没少干活，怎么领导不表扬我呢？如果你是小王，那么你就应该想想自己和小周的差距可能是在汇报工作上了。

一个人在工作中常常会被各种琐事、杂事所纠缠，这是意料之中的事情。有不少人会被这些琐事所影响，由于没有掌握高效能的工作方法，从而被弄得心烦意乱，总是不能静下心来做最该做的事；如果我们能够分清事情的轻重缓急，就能够避免把精力分散在微不足道的事情上，那么重要的工作就会优先完成，在汇报工作时，也就能够把精力首要放在"重"和"急"上，只有这样，你才能够成为领导心目中的"能力强的人"。

曾有一位时间管理专家进行了一个实验，他安排两个人轮流去向同一名领导汇报工作，这名领导当时正在忙碌地接听客户的电话。第一名汇报者进去之后，先是跟领导寒暄几句，然后说起最近自己的工作状态，之后才汇报近期工作内容，没想到还没有等其汇报完毕，领导就下了"逐客令"。

第二位汇报人员，敲门进去之后，直入主题，将自己花费最长时间做的一项有关开拓公司市场的工作情况进行汇报，汇报时间仅用了7分钟，在离开办公室之前，领导夸赞其工作效率高，做事认真。

那么如何向领导汇报工作才能做到有轻重缓急？

首先，言简意赅概括主旨，让领导先了解你所说的“是什么”。你在向领导汇报工作之前，应该先梳理汇报工作。简要汇报主要的工作内容，汇报事情的来龙去脉，提纲挈领，让领导在最短的时间内知晓前因后果和轻重缓急，对汇报事宜有一个大致了解。提醒关键环节和注意细节即可。

其次，结合实际情况拟订合理方案，让领导知晓工作的前因后果。汇报之前，应根据汇报的实际工作，多拟订几条备选方案，供领导遴选采纳。不但要对方案的具体内容进行汇报，更重要的是表明拟订方案的初衷、根据等。

最后，因事而异灵活处理，让领导知晓“怎么样”。比如有的工作落实中需要领导亲自签字同意或是亲自出席的，应事前主动提醒领导，事情进展过程中，要主动汇报相关工作。事后汇报工作结果也是很有必要的。

向领导汇报工作时要注意以下几个方面：第一，选择合适的时机，做到适度才好；第二，突出中心，以点带面；第三，针对目标，做到简明扼要；第四，客观准确，陈述事实本身；第五，尊重评价，不给予争论；第六，补充事实，力求完备。

委婉又不失礼貌地表达建议

沟通能够经过双方交流达成互惠的某种协议。沟通不仅仅是一种交流，也是一种成功。与上级领导沟通，在管理过程中是十分重要的环节。这种沟通形式不仅能够将上级的命令很好的传达给下级，也会使下级的一些建议和想法很好的传达给上级，它也将使平级协作得非常好，能够提高工作效率。

下级在与上级沟通的过程中，时常会存在这样的一个问题，上级的指示或者是命令存在不正确不合理的地方。在这种情况下，下级可能会为了工作需要，向上级提出自己的意见，表达建议。而如果下级在表达自己的思想时，语气不够委婉，表达方式不礼貌，往往会造成很严重的后果。所以表达意见时应该把握好态度，说话一定要讲究分寸，采取委婉的语气，以一种积极乐观的心态，向领导叙述自己的建议，切不能放任自己的情绪，只有这样才能既达到沟通的目的，又起到事半功倍的效果。

委婉又不失礼貌地表达建议，首先下级要做到胸中有建议，如果只有勇气，没有新的合理的建议，那也是无济于事。敢于指出和弥补上级的失误，是一种工作需要，但绝不一定用逆耳之言。上级并非圣人，在作决策、订计划的过程中，也很可能受到某些条件的限制，难免会出现各种失误。发现领导失误之后，如果只是为讨上级欢心，投其所好，不及时改正，自然会造成不良的工作效果。如果直来直去，一点情面也不给上级留，自然也会得到上级的反感。

小薇作为总经理助理，在公司中起着重要的作用。一次总经理为了扩大产品的影响力，制订了一系列的宣传计划，其中，有一条计划是安排公司员工在周末到各大商场做宣传。

小薇觉得这条计划不太合理，一方面利用周末时间去做市场宣传，势必会引发员工的不满情绪。另一方面这一做法只能是小范围的宣传活动，根本起不到什么作用。小薇开始想要直接告诉总经理这条计划的不妥之处，但是又考虑到总经理是一个爱面子的人。

这天办公室中没有其他人，小薇就委婉地问总经理：“如果让员工周末加班做宣传，是不是会引起他们心中不满呀？能不能让宣传部加大在各大卖场的标语宣传力度来达到扩大宣传的效果呢?”

听了小薇的建议，总经理也觉得让员工周末到各大商场做宣传的计划有点不太合理，便同意了小薇的建议。

要进行委婉又不失礼貌地表达建议，必须要求下级熟悉上级的心理特征，从而能够进行正常的心理沟通。与上级交往同与其他人交往是一样的，都需要进行一定的心理沟通。不熟悉上级的心理特征，自然是不能够达到良好的交流目的的，更达不到情感上的一致性。上下级之间心理上接近与相互帮促，这会减少互相之间的摩擦事件和冲突的发生，反之，情感差异过大，就免不了会发生心理上的碰撞，从而影响到工作关系。当然要了解、熟悉上级的心理特征是为了能够更好地处理工作关系，不要怀有个人的不良动机，选择投其所好，以达到取悦上级的目的。领导者的工作需要得到下级的支持和帮助，为了达到共同目标对上级有时要进行必要的建议和规劝，这些离开良好的心理沟通是无法奏效的。

一位业务员在销售的过程中，上司给出了销售目标，他知道这个销售目标有些太大，有些不符合实际，但是为了讨好上级，他不但没有指出上级制定目标的不可行性，反而大夸上司英明。

两个星期过去了，眼看要到销售目标的期限了，自己还差了很远。此时，上司了解到这位业务员的完成情况，开始责备其工作不力。业务员觉得自己很委屈，明明是上司制订的目标太大，此时却要怪自己工作不努力。可是他有什么办法呢？谁让他在制定目标开始没有提出自己的建议和意见呢？

委婉又不失礼貌地表达建议，还要求下属能够设身处地从上级的角度来想问题，不要强上级所难。有的时候，上级在制定目标的时候也是有自己考虑的困难的，在人际交往中，特别是在对上级的交际中，下级更应该考虑到上级遇到的困难。脱离现实主客观条件对上级提出要求的做法，是绝对不可行的。

很多人觉得只有“忠言逆耳利于行，良药苦口利于病”的道理才是正确的，但是他们不知道，如果能达到治病的目的，忠言也是可以不逆耳的、良药有的时候未必是苦口的。指出上级的失误，不一定直截了当大讲其弊端，不妨采取点“以迂为直”的战术，走走迂回路线，或许这样的沟通效果更好。

妥善协调与领导的意见分歧

在上下级沟通过程中，管理者经常会鼓励下属各抒己见，这是一种好的现象。但是即使对同一个问题不同的人也会有不同的见解和思维，意见越是丰富，从某种程度上来说是一件好事，但意见太多则不一定是一件好事情了。众说纷纭，还会导致意见产生分歧，不利于最终决策。因此，伴随着作出决策，必须妥善协调与领导的意见分歧。

面对不同的意见，不同的人自然有不同的反应。对待与领导的意见分歧，有一部分人因为非常惧怕自己的上司，从而产生“自我防卫心理”。有的人甚至害怕上级看到自己的短处，便采用回避的态度。还有一部分人，会对上级产生抵触情绪，只要上司说东，自己就说西，不管上级对与错，都寻机向上级“发难”，这都是不理智的做法，也是不利于沟通的做法。

妥善协调解决与上级之间的意见分歧时，要以一种良好的心态来直面对待。有的时候需要我们换个心态来考虑问题，通过下面这个故事，我们可以看出以不同的心态来对待问题，带来的结果则也是截然不同的。

有两个平时成绩一样棒的书生，他们在去往京城赶考的路上，看到了一副棺材。一个书生想：完了，完了，棺材的寓意很不好，我这次肯定是考不上了。到了考场，他文思枯竭，心中一阵紧张，大脑一片空白，最终真的落榜了。而另一个书生却这样想：棺材，“棺”不就是“官”吗？“材”不就是“财”吗？这不就是好的征兆吗？我这次肯定能考好。最终在考场上，他答题行云流水，最终中了状元。后来两个人同时回到家乡，见到人异口同声地说道：棺材真灵啊！这个故事告诉我们，不同的心态能够带来不同的结果，因此转换心态是相当重要的。

上级的指示、观点在很多时候不一定是正确的，当意见出现分歧的时候，要妥善协调。协调分歧应不伤领导自尊，积极地聆听对方意见的合理之处。妥善协调解决上下级之间的意见分歧时更需要有一定的耐性，要经受得起挫折和反复考验。在和领导进行协调的时候一定要注意自己的语气和态度，即便是自己做对了也不要过于傲慢和目中无人，更不要说话太过具有攻击性，这样不但起不到协调意见的目的，反而会影响到你与上司之间的友好关系。

王梅梅在一家印刷公司人事部工作有两年的时间了，对于人力资源方面的工作也算是比较熟悉了。这个月公司指派了一名新的人事部经理。所谓“新官上任三把火”，新的人事部经理来了之后，就制定了一系列新的规定和职责，这让王梅梅心里很不舒服，心想自己怎么也算是公司的老员工了，平时表现又很好，凭什么要听从一个新人的领导呢？

这位新的人事部经理也许做事有些着急，在制订的计划中有几条是不符合实际情况的，比如他要求人事部考勤人员的下班时间推迟五分钟，等到人们打卡走后，对当天的考勤进行统计之后再离开公司。而实际情况是，公司下午下班根本不需要打卡。

王梅梅觉得自己抓住了新任经理的把柄，便当着其他同事的面，直截了当地说道："经理，您应该看看咱们公司的实际情况，下午下班的时候是不需要打卡的，所以考勤人员根本没必要等着大家都走了，对考勤进行统计。"

当时，经理的脸一下子红了，他虽然简单地回答："是吗？那这条取消。"但是内心很不舒服，从那之后，新的经理经常将重要的工作安排给其他人，王梅梅在公司的地位渐渐下降，最终落得被开除的地步。

王梅梅如果能够用合适的语气和上司沟通，或许她也不至于落得被辞退的下场。在与上司沟通协调时，下级还应该掌握一定的信息，比如公司中的各种利害关系、公司中的制度要求、提出解决问题的草案，等等。要知道比起听下属挑自己的毛病，上级更希望能够听到解决分歧的办法和方案。

沟通是一个互动的过程，妥善协调与领导的意见分歧更是一个必要的过程，实现建设性沟通需要沟通双方共同的努力。要做到既解决了分歧，又不影响上下级之间的关系，那么必须注意以下几点：第一，站在领导的角度思考问题，这样能够更好地理解领导的思路，提出领导能够接受的建议和措施。第二，注意场合，千万不要损害领导的威严和自尊。第三，做到有理有据，即便是领导的方案不够完善，要想让领导接受自己观点，必须做到有凭证、有依据、讲事实。

注意说话的忌讳不顶撞上司

处理好与上级的关系，关系着下属的职业发展和能力发挥，同样也关系着公司的和谐管理环境的构建。在很多大的公司，都十分注重向管理者要效益，从这方面来讲，下级要想得到更大的发展空间，也是必须帮助上级建立好的管理秩序的。

在实际工作中，说话总是顶撞上司，情绪控制能力较差的员工，常常被视为综合素质能力较差。该员工属于遇事对抗型，这种人在受到上级指责或者是出现意见分歧时，经常会出现抵触情绪，不管到底是上级的错误，还是自己的错误，都寻机向上级“发难”，拒不执行上级的指示、命令，从而会和上级发生矛盾和冲突，这样的人是触犯了职场大忌。

下级要服从上级是起码的组织原则，也是管理的需要。一般情况下，上级领导的决策、计划不可能全是错误的或者是没有合理性的，即使有时上级从全局考虑出发，触犯了你的个人利益，下属也应服从大局需要，千万不要产生抗拒心理。更何况有的人明知上级的决策是正确的，也会采取抗拒、排斥的态度，那更是不应该的了。

感情不能代替理智，在工作中，应该以理智取代感性。顶牛、抗拒、排斥不是改善上下级关系的有效途径。作为下属的你如果总是以顶撞的方式来维护自己的利益，那么最终会发现自己的利益根本得不到维护，反而会破坏领导的管理环境，给自己制造更大的麻烦。如果你与上级出现了矛盾点，不妨及时地进行心理沟通，增加心理相容，采取谅解、支持的态度。

EMC大中华区总裁陆纯初在出了公司大门后，又回办公室取东西，到门口才发现自己忘记带钥匙了。此时他想起了自己的私人秘书瑞贝卡，她那里有一把钥匙，但是现在她已经下班了。陆总试图联系到她，但是手机一直打不通。于是在凌晨一点多的时候，陆总通过内部电子邮件系统给秘书瑞贝卡发了一封措辞严厉的“谴责信”，批评其工作不到位。不料陆总在发送这封邮件的时候，一不小心将这封信同时传给了公司的其他几位高管。

“史上最牛女秘书”瑞贝卡在两天后看到了邮件，但是她在回信中拒不承认错误，并将这封咄咄逼人的回信发送给了EMC中国各分部的人员。这样一来，EMC中国公司的所有人都看到了这封邮件，也都了解到了这件事情。由此，这件事情引出了惊动全国企业的“秘书门”事件，给公司的管理带来了很大的难度。

陆总作为瑞贝卡的上级，会要求自己和自己的下属追求不断进步。在日常工作中他更强调：原则性、不易妥协、追求完美。而秘书小姐很容易情绪化，易受到情绪影响，从而根本没有意识到自己这样做会有什么样的后果。瑞贝卡在接到陆纯初的邮件后，应该选择一对一的方式进行沟通，坦率地承认因为自己的工作给上级带来的不便表示道歉，并诚恳地接受上级的批评，而不是用抵抗的情绪作出有损上司和公司威信的事情。

人们常说具有愤怒、不满的情绪多半是源于超高的工作和生活要求。当遇到什么不顺心的事情时，就很容易感到愤怒、不满。在工作中也是如此，当下属觉得上级的决定不能满足自己的意愿时，通常会产生抵抗情绪，甚至会采用强硬的态度去顶撞上级，这种做法是不正确的。

公司为了奖励市场部的员工，制定了海南组团旅游安排，但是名额是有限定的，公司给出了15人的名额。可市场部有20名员工，每个人都想去，部门经理需要向上级领导再申请5个名额。作为市场部经理的程昱走进总经理的办公室说道：“牛总，我们部门20个人都想去海南，可只有15个名额，不管不让谁去，都会有意见的，再给我们部门5个名额吧？”牛总说道：“筛选一下不就行了吗？15个名额已经不少了，你们也要为公司的花费考虑啊。”程昱一听一脸不高兴，说：“那您说让谁不去吧？公司能安排15个名额，怎么不能再多给5个名额呢？再说是组团去，费用也不高，如果公司不给安排，到时候别怪我们部门影响你们的业绩！”

听了程昱的话，总经理气愤不已，说道：“那谁都别去了，公司本想让你们放松放松，看你连这事都处理不好，旅游计划取消。”

该例中，程昱只顾着表达自己的意志和愿望，根本没有考虑到对方的心理反应，其结果可想而知。下级在向上级反映意见时，一定要考虑到上司的立场，不可以自我为中心，更忌讳出言不逊，不尊重上级。

送给大家六句话：上司绝对不会出错；如果发现有错，一定是自己看错和听错了；如果自己没看错，一定是因为我理解错了；如果是上司的错，只要不认错，那就是我的错；如果上司不认错，我还坚持他有错，那我是错上加错。

注意说话的忌讳——不顶撞上司，从一定意义上来说，这是职场胜利的一大法宝。与领导相处和沟通过程中，存在着六大忌讳：说话切勿冲撞上级；不要顾上不顾下；唯唯诺诺不可行；不要恃才傲物；不可过于亲密；不要故意疏远。其中可见说话不要顶撞上司对处理上下级关系起着举足轻重的作用。

点睛结语：

作为下属的你在与上级进行沟通的过程中，必须要做到把握分寸，不管你和上级的关系有多好，都不要“口无遮拦”。在汇报工作中，一定要记住分清主次，上司的事情比你多。即便是工作中出现了分歧，一定要平和以待，力求解决分歧和矛盾。不管是谁对谁错，都不要顶撞上司，即便你认为自己是正确的，那你也不能在众人面前顶撞上司。学会给上司留面子，上司才会给你面子。作为下属的你，在与上司沟通的时候，一定要做到稳重、小心、谨慎，不该说的话不说，能少说的话少说。

第十二章

与下级沟通

——要讲究手段的适当

跟下属沟通要放下架子说话

无论是作为企业的老板还是经理，都应该掌握一定沟通的原则和技巧，否则，即使你拥有了良好的沟通动机，却有可能因为没有处理好细节上的问题，而造成相反的结果。

无论是与下属沟通，还是与他人交流，都应该建立在尊重与平等的交谈基础之上，如果你在与下属沟通的时候，总是端着架子，摆出一副“领导人”的姿态，那么你的姿态总会给交流造成压力，下属自然不会放松，更不可能轻松地与你交流。

即便你是经理、领导，在与下属交流时，应该避免采取命令、训斥的口吻说话，你需要做的是放下架子，以平易近人的态度和方式来对待自己的下属。当下属在表达自己观点的时候，最好不要直接用否定的态度，如“你这都是搞的什么？”“你说话经过大脑了吗？”这样的话会令下属产生抵抗情绪，影响到下属的办事积极性。沟通是一种双向的活动，在你与下属沟通时，不要只顾着自己发泄情绪和自我表达，一定要注意到下属的心态和思维，只有感情上的贯通和联络，才谈得上是信息的交流。

牛主任是刚调到这家国有企业的，他负责业务部的相关工作，之前他从来没有做过和业务有关的工作。在业务部有一位业务精英叫李庚，李庚是企业的老员工，工作能力很强，面对这位新调来不懂业务的领导，他心中自然有许多不满。

牛主任知道李庚对自己的态度不够好，他也明白其中的原因，为了能够更好的工作，这天他将李庚叫到办公室。

牛主任说道：“李庚，请坐，你是公司的老员工，我刚到咱们企业，你也知道之前我也没有从事过和业务有关的工作，在这方面你是我的老师，我要向你学习啊。”

李庚本来拉着脸进入办公室，听到牛主任这么客气地跟自己说话，自然也不好意思态度过于僵硬：“您谦虚了，咱们企业比我能干的业务员很多，您可以向他们请教的。”

牛主任自然听得出来李庚的抵触情绪，笑着说道：“谁不知道你是业务部的精英啊，你是不是嫌我笨啊？我虽然是虚长你几岁，但是我脑袋瓜还能用呢。”

李庚没想到这个领导能够这么重视自己，也没想到牛主任这么谦虚，他的态度也变得和蔼起来：“您说哪儿的话，有什么需要我做的您尽管说，我会尽力去做的。”

牛主任作为上级，能够用这种平等的态度跟自己的下属说话，利用和蔼的语气来沟通感情，最终达到了自己的交流目的，化解了下属对自己的抵触情绪，这就达到了有效沟通。

很多领导在与下属进行交流时，习惯性地用严肃的表情、高昂的声调，习惯性地压抑下属的情感，给对方制造紧张的气氛，虽然这种环境能够体现出领导的地位和威严，但是却不利于交流和沟通。

在工作中，经常会看到下属脸色苍白、急匆匆地从总经理的办公室走出来，别人问其发生了什么事时，会听到下属这样的回答：“总经理太严肃了，吓得我什么也不敢说，心里一紧张把要汇报的工作重点全忘了。”

这种端着架子和下属交流的方式是不利于沟通工作的，在工作上是需要认真，但是不一定需要威严。作为领导，如果不能给下属制造一个沟通的轻松环境和氛围，便会影响到下属的情感表达和思维转化，最终则达不到有效沟通的作用。

上级要放下架子和下属沟通，就应该从以下几个方面做起：第一，不揭下属的短处。即便下属在工作中表现得不够好，也不要揭短，尊重下属是第一要务，做到对事不对人。第二，允许下属自由表达。作为领导在和下属沟通时，不要限定过多的条条框框，要给下属自由表达的空间，这样不仅利于了解对方的思想，也能达到有效沟通。第三，不可实行“连坐法”。不管你因为什么事情生气，也不要迁怒于无辜的下属，这样才能够达到沟通效果。

以开放的心态聆听员工意见

俗话说得好：要想人服，先让人言。纵使你是领导，你说服对方的理由有一百条，也别忘了让下属先说完自己的看法，不要连听都不听。不听就等于取消员工的发言权，是不信任对方的最直接表现。即便你是领导，也应该学会接受员工的意见。即便自己多么正确，都要让员工把想说的话说清楚，然后再去要求他们换位思考。

一个合格的领导不是多么的睿智，也不是多么的聪明，而是善于聆听下属的建议。作为上级应该具有“纳谏”的胸怀，如果心中容不下别人提出反对意见，自然会经常犯错。作为一个管理者，需要有开阔的心胸，以开放的心态去聆听员工们的意见，只有这样才能避免决策失误，提高工作效率。

聆听，是沟通的一种有效形式。虽然表面运用的人体器官是耳朵，但是其效果比用口说一点也不差。当下属在表达自己的观点时，作为领导的你，应该耐心聆听对方的言语，即便对方表达的方法和意见不够合理，你也应该允许对方讲述完毕，不要中间打断对方的话语，更不要拒绝聆听对方的建议和意见，这都是不尊重员工的表现。

丽萨是一家外企的中国分部总经理，她每天都很忙碌。一天，她正在办公室处理积压的文件，听到有人在敲自己的办公室门，她没有抬头说了句“请进”。她根本没有意识到是谁进来了，过了几秒钟，丽萨没有听到有任何的声音，便抬头看了一眼。站在她眼前的这位中年妇女穿着保洁的衣服，她知道这是公司的保洁人员。

丽萨客气地说道：“你好，请坐。”

保洁人员坐下后说道：“丽萨经理，我知道打扰您工作了，但是我有一个建议想了好长时间，希望能够得到公司的采纳。”

丽萨示意她说下去。“我在咱们公司做保洁已经有三年的时间了，发现每次打扫卫生最多的就是纸张，具体地说是用了一半的纸张，这太浪费了。”保洁人员说道。

丽萨觉得她说得很对，便问其有什么建议。保洁人员走到丽萨的垃圾桶旁边，捡起里面的两张只用了一面的白纸，然后说道：“我希望能够从您做起，节约用纸，比如可以明文规定，经理级别以上的人员每个月有多少张纸可以用，其他等级的工作人员有多少张可以用，超过的部分就要计费了。”

丽萨觉得这位保洁人员说得很有道理，便接过保洁人员手中的两张被自己丢在垃圾桶中的单面纸，放到了文件夹中。

学会倾听，是表示尊重对方的最有效方法之一，却往往被一些管理人员所忽略。Prudential Asset Resources 的执行总裁安·汉布利说过这样的话：“倾听使我和员工的沟通有了一个渠道，我可以把我的意见告诉员工，一个不会倾听员工意见的老板是不能做到这一点的。”同样，倾听是一项主动的行为，作为领导必须学着用心才行。为了提高自己倾听的技能，领导需要学会把手头的工作先放在一边，将注意力都放在下属的话语上。

作为上级，以开放的心态聆听下属的意见，这是一个交流的过程，那么在交流中应该注意哪几方面呢？第一，给下属制造一个表达自己观点的空间。在做抉择和制定策略之前先聆听下属的建议和意见，不要专断独行。第二，下属的意见需要肯定。即便下属的观点不够合理，也要鼓励下属表达自己的思想，给以鼓励。

下达指令不妨一手软一手硬

管理者经常会花费很多时间来对下属进行合理化管理，其中最普遍、最常见的管理方式就是下达命令。一个管理者每天可能要对不同下属下达不同的命令，这些命令通常是下属在工作中的方针和目标。实际上，下属工作的好坏与是否积极，在很大程度上与管理者下命令的方法有关。比如，如果管理者下达命令很僵硬，给下属造成一种压抑的感觉，自然下属在执行命令时就不能很好地实现自己的工作了。

作为管理者要学会正确的下达命令，即运用“5W2H”法则。

What：针对什么事？目的是什么？下属要做什么？即明确工作、任务的内容。

Who：由谁来执行？谁来具体完成？谁来负责？即明确工作、任务的对象。

When：何时能够开始？何时结束？何时做检查？什么时机最适宜？即任务的时间表。

Where：何处？在哪里干，从哪里开始？又要在哪里结束？从哪里入手？即任务的空间位置和变化。

Why：为什么要这么去做？理由是什么？原因是什么？这样干的必要性是什么？有没有更好的办法？即明确任务的目的，告诉下级事情发生的重要性，从而促使他们更负责任，或受到激励。

How：如何做事情？应该用什么方法去做？即任务完成的程序、方法设计。

How much：做到什么程度？达到多大的数量？质量水平又是如何？费用产出如何？即任务的问题与解决方法。

究竟下达命令有无必要呢？在实际管理中，许多管理者本人并没有弄清楚某些命令的必要性。比如，当一个管理者工作处在忙碌状态，突然有一件紧急的事情需要他亲自处理，他将手头的工作安排给下属去完成，但是下属对这件事情的来龙去脉并不够清晰，为了完成工作，下属需要不断地向管理者询问有关事项和发展情况。管理者接受下属询问的时间反而比自己亲自完成花费的时间更多，那么这就是一条没有必要的命令。作为一名管理者，要想更好地去下达命令，不妨选择一种既能够让员工接受，又能够达到很好的办事效果的手段。在工作中，管理者试着用软硬兼施的手法来促使下属积极地去完成工作。

一家大型电器企业的老板工作十分繁忙，一次他将接待外国客户的工作交代给了销售部经理小陈，小陈是一个精明能干的员工，只是有的时候工作起来不够认真，对待事情不够重视。

老板内心明白接待外来客户是十分重要的一件事情，这直接关系到自己的企业能否打开国际市场。于是他将小陈叫到办公室，认真地对其说：“周六有一个外国企业代表来咱们公司，你代表公司去接待一下，本来这件事情我想要亲自去做，只是我还有其他安排，你就代表我去接待一下吧。”小陈听了老板的话，心中喜悦，心想老板让我代表他去接待外国客户，可见老板是多么认可我。紧接着老板说道：“切记，他们对我们公司打开外国市场很重要，这件事情不能有任何的失误，你必须认真对待，如果出现差错，后果很严重，你也对不起我对你的信任。”小陈听了老板的话，又感觉自己身上的担子很重，自己要努力做好这次工作，不然对不起老板对自己的信任。

在这次接待外国客户的工作中，小陈既谨慎又小心，最终外国客户很爽快地签下了合作合同，小陈的任务圆满完成了。

管理人员在下达命令的时候，一定要根据员工的性格特点和工作态度去选择下达命令的方式，千万不可只强硬地命令，不积极地鼓励。每位员工都希望得到上司的鼓励，如果你肯鼓励你的员工，那么他们就肯认真地去完成工作。

小朱是一家印刷公司的物流人员，他讲述了自己的亲身经历。“一次，上司要求我去安排好发往上海的货物和车辆，我本来很有动力，不料上司却说‘你必须安排好这个工作，有任何闪失，我让你吃不了兜着走。’听了上司的话，我心里感觉压力特大，这项工作对于平时的我来讲也不算什么，但是上司这么一说让我感觉这项工作太困难了，最后我还是因为太紧张没将工作做好。当然，上司也没有给予我太大的处罚，只是他下达命令的口吻太强硬了，会给我造成很重的负面心理”。

管理者在下达命令的时候，一定要注意自己语言给下属带来的心理影响力，尽量不要因为自己的语言给对方造成紧张的气氛，不然再容易和简单的工作也会引起下属的心理紧张，从而犯错也就成了家常便饭。

管理者在下达命令时，要做到一手软一手硬，应该注意以下事项：第一，鼓励员工，增强其自信程度。管理者的语言在很多时候是具有强大力量的，如果想要让自己的员工很好地去完成某项工作，不妨先给其一定的自信心，鼓励其积极地去完成工作。第二，恩威并重，“威”是不可少的。作为管理者，也应该有一定的威严所在，如果不能够真正地做到这一点，自然也就不会得到下属的重视。第三，做到赏罚分明。如果你在下达命令时，答应了任何的奖励措施，下属达到了你的要求，你就应该实现诺言。同样，你说出的处罚措施，也没有必要食言。

化解员工抱怨要坦诚勿生气

当员工自认为受到不公待遇时，便会采取一些方式来发泄心中的怨气，此时抱怨就成为了一种最常见的发泄形式。当然，抱怨也是存在一定的破坏性的，其破坏性主要是针对抱怨者自身，伴随着抱怨，可能还会出现工作效率降低、工作情绪消极等情况。更有甚者，会因为内心的不满做出一些偏激的行为，给公司造成一定的财产损失。

当然，大部分工作人员的发泄只是停留在口头的抱怨和影响工作情绪方面。随着时间的不断推移和内心压抑情绪的积压，才会有更具破坏性的现象出现。当人们的情绪平稳下来时，抱怨也会随即消失。比如当领导者发现员工对自己的抱怨的确是因为自己的某些地方做得不太合理所造成的，此时不妨坦诚地面对自己的缺点和不足，勇于承认错误。诚恳地道歉是解决矛盾的“良药”，也是为自己赢得尊重的有效措施。有些领导明知是自己的错误，但出于面子或是想维护自身的威严，便遮遮掩掩，甚至恼羞成怒，这样做只会起到相反的作用。

威廉是一家软件公司的总裁，其属下都可谓是精英中的精英。一次，他出差去外地，公司的事情安排给了经理王帅。威廉一共出差一周，这一周公司的事情都要王帅去管理，王帅知道这是一次加薪的机会，便很认真地处理公司事务了。

威廉回来之后，看到公司大大小小的事务都进展有序，对王帅的表现自然也是十分满意。王帅心想这下总裁该想着给自己加薪了，不料威廉丝毫没有加薪的意思。王帅决定从侧面提醒一下总裁，但是没有用。

王帅心想：我这么努力的工作，将公司大大小小的事情打理得这么好，凭什么不给我加薪呢？以我现在的能力，别说当经理，就是成为总裁也毫无问题。王帅越想心里越不舒服，便将自己心中的不满告诉了副经理。他义愤填膺地抱怨着自己的委屈，不料威廉从经理办公室门口经过，正好听到了王帅的抱怨。威廉十分生气，走到王帅的办公室，将其责骂了一顿。

从那次之后王帅的工作态度更加消极了，只要不属于他的工作范围，他都不会去接手。过了两个月威廉觉察到了王帅工作中的消极性，认识到上次自己生气地责骂王帅实在是有点过分，他决定想办法化解与王帅之间的矛盾，毕竟王帅的工作能力还是不错的，威廉知道再想找一个这样能干的经理是一件困难的事情。

威廉将王帅叫到办公室，很客气地让他坐下。随后坦诚地对王帅说："你还在对上次我责骂你的事情耿耿于怀吗？"还不等王帅回答，威廉便道歉说："上次的事情是我太急躁了，处理得不够妥当。你想要加薪，我可以理解，这次我希望能够告诉你我没有给你加薪的理由。"王帅点点头，威廉继续说道："你的工作能力是有的，所以我才打算重用你，而你不应该在那个时候提及加薪，如果我给你加薪了，那么以后公司所有的员工都会在做了一些工作之后都要求加薪。如果你是总裁，你会在当时的情况下满足下属的要求吗？"

王帅觉得威廉说得很对，他觉得威廉的态度是十分诚恳的，理由也是很合理的，从那之后王帅的工作态度又变得十分积极了。

在管理过程中，很多员工习惯性地抱怨自己的工作为什么如此繁重，抱怨自己所拿到的薪水为什么这么少。作为管理人员，应该学着去化解员工的抱怨，不要用愤怒试图去压平员工的情绪，只要你够坦诚，员工就会去理解你的管理。

作为一位管理人员，要怎么样坦诚地化解员工心中的不满呢？第一，要学着站在员工的角度上去多思考些问题，比如员工待遇是否合理，生活上是否需要帮助，既要让马儿跑，还要让马儿吃好草。第二，员工有了抱怨，要深入了解情况，从公司和员工两个方面考虑。如果是公司的问题，要立即想办法弥补，同时要做好解释工作；如果是员工个人的问题，也要诚恳地向员工阐明公司的立场。

化解员工抱怨的情绪，需要做到“二要四不要”：“二要”指的是要笑脸相迎、要敢于面对管理缺点，在管理过程中，发现缺陷立刻弥补；“四不要”是不要忽视、不要偏倚、不要回避、不要生气，这样才能够达到化解员工抱怨的目的。

批评下属也要讲究艺术手法

“人非圣贤，孰能无过”你的下属当然也可能犯错。作为一位公司的领导者，你该如何去批评他们呢？其实，那些真正想通过批评的方式来解决问题，更好地改进工作的领导心中清楚：批评下属绝不是一件轻松、简单的事儿。就如同是一个合格的医生一样，对待不同的手术都要全力以赴，千万不能掉以轻心。

管理者在面对犯了错误或表现不够好的员工时，如果是碍于情面选择睁一只眼闭一只眼，则事态必将发生恶化；但如果是选择劈头盖脸地狠批一顿，又不啻火上浇油。批评下属需要讲究方法和手段，自然根据不同员工的性格不同，选择的处理办法也是不一样的。

一名客服员工正一如往常地玩着电脑游戏，他的同事们则恰恰相反，都在旁边忙得焦头烂额，因为需要帮助的客户实在是太多了。大家对反差如此大的状况早已习以为常，因为公司上下都知道他就是那种“问题员工”——工作中吊儿郎当，能力有限还不服管教。

曾经，经理费尽心机试图“挽救”他，希望他能在工作中有所进步，为公司作出贡献，经理总是将其叫到办公室，狠狠地批评他一顿，什么狠话毒语都说尽了，他都没有任何的改变。

后来在一次私下会面时，经理想到了一个办法，经理没有批评他，而是对其不理不睬，这让他感到害怕，认识到公司快要失去耐心了，如果他想保住这份工作，就必须改掉自己身上的坏毛病，恢复干劲，与大家一起协作。

果然，在第二天的小组会议上，这名“问题员工”为自己过去的表现做了检讨，没有找任何借口。半年之后，他完全改变了原先的糟糕形象和工作态度，赢得了同事们的认可，并经过自己不断的努力，最终成为了小组的领导者。

批评需要讲究手法，如果总是选择用恶劣的态度来对待员工，也许不会达到预期的效果。作为一名管理者，要学会针对不同性格的员工，选择不同的批评手段，只要是有助于员工改进，自然就是好的方法。

日本管理学家大前研一曾说过：“能做到对事不对人，就不会在乎自己的立场。因为你会忠于事实，坦然接受这个事实。”因此，批评下属时，如果想要让下属认同和有所改进，那么自然需要做到对事不对人。哪件事情做错了，就要根据事情来讨论事情，不要进行带有任何偏见的人身攻击。在批评对方出现错误时，避免使用“从来”“总是”“不可救药”“我算看透你了”等这样具有否定意味的词语。

李莫因为一时马虎，将工作报告中的数据写错了，这件事情被经理发现了，经理十分生气。愤怒地责骂道：“李莫啊李莫，你什么时候能认真点，你知不知道，你从来就没达到过我的要求，工作不求上进，总是马马虎虎，简直无可救药。”

第二天，李莫递交了辞呈，她选择离开这家公司，原因很简单，她觉得自己永远得不到上司的认可，还不如换一家公司发展。

批评下属的目的是为了帮助其认识到错误、改正错误、积极地把工作做好，而不是要打击对方、制服别人或者是把下属当做是解气的皮球。因此，在批评对方的时候一定要讲究方式和方法，学会站在对方的立场上去思考问题，用诚心诚意的态度来对待下属。

作为一名管理者，在帮助下属改正错误时，可以采取哪些手法呢？第一，批评前可以略微地给予适当的赞扬。据心理学研究表明，被批评的人在受到批评时，最担心的是自己的面子受损、利益受损。如果你能够给予其适当的表扬，自然会得到对方的认可。第二，领导在批评他人的时候，并不是批评对方本人，而是批评他的错误，当下属在工作中犯错时，要针对工作，而不是针对个人，在批评的同时给予解决问题的思路。

点睛结语：

管理者，需要学会利用沟通来达到提高工作效率的效果。与下级沟通要掌握以下几点：首先，应该做到放下架子，忘记自己是领导，给下属一种亲近感，这样对方才会情不自禁地说出自己的观点和想法。其次，聆听是交流的必要手段，作为管理者的你需要聆听下属的思想。最后，选择巧妙的下达命令的方式，只有这样才能够避免员工产生抱怨的情绪。每个人都可能犯错，面对下属的错误不要过于放大，要学会批评人的技巧，在批评下级的同时，达到鼓励对方的目的，你自然会成为下属心目中值得敬重的领导。

第十三章
办事时沟通
——要善用驾驭的智慧

装聋作哑　息事宁人　大智若愚

一个合格的管理者往往是具有一定智慧的人，而大智若愚也更是一种管理的智慧。在办事情的过程中，管理者不妨适当授权与放权，有所为有所不为，不要力求事必躬亲，更没有必要事事过问。要学会假装无知、无为，为下属创造一个展示自己才华的平台，这是一种大智慧。

在与他人沟通的过程中，更没有必要对任何事情都斤斤计较，俗话说得好："该放手时就放手。"有些事情无关工作成败的，可以宽容一些，假装没有察觉，做到息事宁人。只要工作能够顺利完成，当一次哑巴、假扮一次愚笨又有何不可呢？

在工作中，经常会看到一些这样的管理者，他们经常因为一些无关紧要的小事情来责备下属，也会经常看到一些人在工作时，经常想要将自己的利益争取到最大化，只要是有一点点不称心的事情，都会大肆宣扬，似乎想要让整个世界的人都知道自己受到了委屈，受到了不公平的待遇，这看似是一种聪明的表现，实则是对自身发展不利的。

小周是公司的老人，在这家外贸公司工作有五年的时间了。这次公司招聘了一批新人，这批新人都对小周十分的尊重，唯独一个叫曹杰的年轻人，不会像其他新人一样对小周说一些恭维的话。小周觉得曹杰太不懂事了，他这是不尊重自己。

一天，总经理将小周叫到办公室，问起新人的情况，小周便在总经理面前抱怨起曹杰的"不懂事"。没想到，总经理却说："我觉得曹杰这孩子还不错，老周，你别天天想着让别人跟在你屁股后面转，你是公司的老人，应该对新人一视同仁。在小事情上，别总是斤斤计较，该让新人自己去做的就让他们自己做，无关工作发展的小事可以放宽点，该装傻的时候就装装傻，你就是太聪明了，所以才会觉得新人需要你的提拔。”

小周自然知道总经理是在责备自己，便没有再多说什么。

在处理事情的过程中，难免会遇到一些不尽如人意的事情，这个时候只要是无碍你的工作，不妨当做没看到或者是得过且过，这样不但能够维持好和上级、同事之间的关系，更有助于你的工作的进行。

一次两个同事因为工作分工的事情争吵了起来，此时刘丽正在一旁工作，她自然成为了两个人拉拢的对象，一位同事问刘丽这样的分工是否合理，刘丽就假装没听见他们两个人的讨论内容，打了个马虎眼，继续自己的工作。

最后，经理责备那两个人不团结，却夸赞刘丽认真工作。还有一次总裁来北京分部视察工作，本来该是刘丽为总裁安排在北京的出行计划，北京分部的经理为了讨好总裁，抢了刘丽的工作。刘丽假装不知道，将这次表现的机会让给了经理，总裁视察离开后，经理不仅给刘丽加薪，还提拔她为自己的助理。

学会为人处世的沟通细节，在很多时候是关乎一个人成败的关键。尤其是在办事情的过程中，与人沟通需要一些技巧，更需要一些“假象”。只要是有利于工作的继续、事情的完成，完全可以假装愚笨、不斤斤计较。

在工作中，要做到沟通出效果，就应该掌握以下几点：第一，无关自己工作的争论，能假装不知道就假装不知道；第二，在上级面前，没有必要表现得事事都懂，低调一些未尝不是幸运；第三，和同事交往，小利小惠让让也无妨，求得息事宁人，以和为贵。

有人找茬儿我避让乃以退为进

想必很多人会下跳棋，都知道要想下跳棋必须要借助“桥梁”才能够前行。如果眼睛一味地盯着前方，也许只能够走一两步，如果想要赢了整盘棋就要学会以退为进、左右迂回、前思后想。在工作中也是如此，如果你是一位管理者，想要将工作做好，那么不妨多尝试几种办法，如果你想要你的团队配合得更加默契，有的时候就要使用一些策略，比如说以退为进。

在出去办事的时候也是如此，你可能会经常遇到一些竞争对手，他们经常会故意找你的麻烦，希望能够让你败在自己的脚下，这个时候如果你是一只横冲直撞的刺猬，自然会落入对方的圈套和陷阱，此时不妨选择退后，避免与对方正面交锋，这样或许你会发现自己的回避能够让自己更进一步，懂得以退为进、尝试放弃未必不是一种好的抉择。

李小山有自己的餐饮公司，他讲述了自己的一次经历：“在2011年的时候，参加过一次餐饮界的聚会，在这次聚会上来的都是大的餐饮公司的老板和一些大的企业家，我当时只能算是小的企业，但是也稍微有一些影响力。我能够被邀请参加这次聚会，让很多同行嫉妒。在这次聚会上我遇到了当时自己的竞争对手，正好我们两家公司在竞争一个地区的餐饮市场。”

李小山若有所思地说道：“当时，那家餐饮公司的老板在聚会上到处散播他们公司要在某某地区打开市场，说一定会击败我的公司，我知道他这是在针对我说的。当时参加聚会的都是有头有脸的人物，我总不能在聚会上跟他争论吧，我就一语不发，面容坦然。就在这件事情过去有两个月的时间，我得到了一个消息，在聚会上最有影响力的一家大企业想要与我的公司合作，帮助我开发餐饮市场，我当时别提有多高兴了，觉得自己在聚会上的避让起到了一定的作用。如果当时我跟那家公司的老板争论起来，我想我肯定得不到这么好的合作机会，这也许就是常说的以退为进，避其锋芒。”

“找茬儿”在出门办事的时候是经常会遇到的事情，如果你经常成为别人攻击的对象，你就应该想想应对的办法和技巧了。在工作中，面对同事的“找茬儿”，你应该想想对方为什么找你的茬儿，找到原因，然后针对原因去处理两个人之间出现的矛盾，只有这样你才能够达到更好的沟通。

李倩倩和王弼在同一家公司上班，李倩倩的工作能力很强，所以得到了上司的重视和赏识，而王弼则做事马马虎虎，上司也很少关注他，因此他开始嫉妒李倩倩，甚至怀疑李倩倩在上司面前说了自己的坏话。

每个人都会有犯错的时候，李倩倩因为一次工作不到位出现了失误，给公司造成了一定的经济损失。王弼觉得打压李倩倩的机会来了，他便跟所有的同事说李倩倩的坏话，说她之所以能够得到上司的重视纯属侥幸。李倩倩也察觉到了王弼在背后说自己的坏话，她没有找王弼理论，也没有任何反驳，而是踏踏实实继续工作。没过多久，她就为公司签了一份大的合同，为公司创造了上百万的利润，此时王弼再也无话可说了。

避让别人的谣言看似是一种逃避，实则是为自己进行攻击创造时间和空间。在办事的过程中，沟通是以多种形式存在的，并非直面以对才属于沟通，这种避让矛盾的方式也能够达到沟通的效果，只不过这种沟通方式的效果会体现在事后。如果你是一名管理人员，需要用以退为进的方式来应对自己的竞争对手。

在办事过程中，要达到更好的沟通，实现自己的利益，就应该做到以退为进。以退为进并非完全放弃，更不是消极的应对，而是避免矛盾扩大化，是在为自己的突破赢得时间。以退为进更不是无效管理，而是为管理赢得更大的空间。以退为进的办事作风，需要你具有一定的忍受能力和强大的内心作支撑。

整他一整，再让一让——软硬兼施

人们经常说“先苦后甜”，这四个字看似容易理解，要想真正地用到实际的工作和交往中，则并不是一件容易的事情。作为一个企业的管理者，要想让自己的员工能够很好的工作，必须要学会软硬兼施的策略。在对外合作的时候，也需要这样的策略作为支撑。

先给“苦头”，再给“甜头”。需要管理人员掌握好分寸，在办事沟通的过程中，对待那些对自己产生威胁的人，需要先整一整对方，这样做的目的是要告诫对方“我不是可以随便欺负的”，而之后为了缓解彼此之间紧张的气氛，让两个人之间的关系得到缓和，可以适当地“软”一些，给对方台阶下。

李国平作为企业代表，参加与跨国公司的合作讨论。他所在的公司是一家小公司，跨国公司自然很不重视与李国平的这次合作，在谈到合作条件的时候，总是想尽办法来打压李国平的士气，更为可恶的是制定了好几条条款来约束李国平所在公司的管理和实际操作，李国平自然知道这属于不平等条款。李国平心中很清楚，对方公司不是不想和自己合作，只是想要占有更大的利润。

于是，李国平严肃地告诉对方的企业代表，合同上的条款是自己公司的最终让步，如果不能够按照现有的合同进行合作，那也就没有合作的必要了，自己也就会在第二天离开贵公司，说完之后，李国平转身打算离开。

对方公司看到李国平的这种反应，急忙挽留李国平，劝说李国平再考虑考虑他们的条件，李国平还是依然很坚定，最后对方公司的企业代表看到李国平这么坚定，只好同意按照李国平的条件进行签约。

李国平心想自己的目的已经达到，但是为了能够更好的合作，也为了表达自己合作的诚意，缓解刚才的不愉快，他在签约的时候按照对方的意愿修改了一项条款，这算是表达自己对这次合作的重视程度。

我们都知道，赞美能够让人谦虚，又能建立友善的气氛和关系。如果你是企业的管理者，在批评完别人之后，也需要对他赞美一番，这样能够增加对方做事情的信心，也能够缓解你们彼此之间紧张的气氛，使工作更为正常地进行下去。这是一种交往的手法，也是一种沟通的手段。

总经理在严厉的批评部门经理的所作所为，因为部门经理一时疏忽，让公司损失了一个大的订单，这让公司利益受损。总经理气得脸红脖子粗，但是他知道即便是责骂了部门经理，损失也无法挽回。

在部门经理将要离开办公室的时候，总经理叫住了部门经理，说道："看你咳嗽这么长时间了，赶快把病看好，身体不舒服能工作好吗?"部门经理自然知道这是在关心自己，本来脸上凝重的表情一下变得有了朝气，在之后的工作里，他更加拼命，工作也越来越顺利。

软硬兼施不仅是对上下级之间的交流和沟通有一定好的效果，对竞争者之间也是有一定功效的。当你办事沟通的过程中，如果遇到蔑视自己的人，完全可以先来"硬的"，再来"软的"。而在同事之间，你可以先来"软的"再来"硬的"。

要做到软硬兼施，应该注意以下几点：第一，注意交流的对象，如果是自己的上司，那你完全没有必要采用这种方式。如果是自己的合作对象，你可以用这种方式维护自己的利益，同时达到缓解双方情绪的效果。第二，注意把握分寸。如果你不能够掌握好分寸，很可能造成更为不利的后果，造成关系恶化、损害自己的利益。

化解矛盾——语气平和　用词恰当

人与人的相处势必不会一帆风顺，因为每个人都会有自己的思想，有自己的理念和信仰，所以会形成自己独特的性格。因此，不同性格和不同的思想，必然会引起不同观点和不同的思维，两个人相处自然会产生矛盾，而要化解矛盾自然需要人与人之间的沟通。在办事的过程中，沟通是在所难免的，尤其是在出现矛盾的时候，更应该学会如何通过沟通的方式来化解矛盾。

语言沟通是一门很深的学问，尤其是想要利用语言来化解彼此之间的矛盾时，语言就不单纯是说话了。不管你从事什么工作，也不管你是什么职位，你都希望得到别人的认可，而要想让别人认可你，你不妨认真地对待别人的观点，尤其是在和别人交谈时，一定要注意自己的语气。

在工作中，我们经常会听到有些人说话的语气很傲慢、强硬、不屑、怠慢……无疑，这些都是负面的语气，总是会传达出一种不良的信息。语气是能营造氛围的，也是具有传染力的。如果你通过自己不友好的语气跟别人说话，那么对方自然也会受到传染，同样以不够友好的态度来对待你，这样就不利于矛盾的解决。

玛丽和爱德华都在设计部工作，设计部主任接到了公司的一个新任务，就是参加市内形象标志的设计工作。玛丽和爱德华作为设计师，自然是都想要得到这次设计的权限。

不料，主任让他们两个人合作完成这项工作，两个人在设计的过程中发生了分歧，玛丽着急地冲爱德华嚷道："你到底懂不懂设计，你的思想怎么永远这么老套?"本来没有生气的爱德华，听了玛丽这么无礼的话语，怒气重生，说道："玛丽小姐，请你注意自己说话的语气，你要知道你是在跟谁讲话。"

"我不管你是谁，你的设计太落伍了，我就应该这么告诉你。"玛丽生气地说道。

"你简直是不可理喻，一点礼貌也没有，我才懒得和你这样的人合作。"爱德华生气地走出了办公室。

可想而知，如果玛丽和爱德华之间出现分歧后，能够静下心来，用比较平和的语气相互沟通，也许就会避免出现这种不欢而散的结局，工作也能够以更加顺利平和的方式继续下去。

当你在工作过程中，或者是作为管理者出去办事情，更应该注意自己的语言用词，如果不懂得恰当地选择交流的词汇，会激发两个人之间的矛盾，甚至会因为一个词语变得势不两立。

周敏国代表自己的公司去参加投标活动，在投标大会上遇到的都是自己公司的竞争对手，坐在自己身边的王明就是自己的竞争对手。本来两个人之间就属于竞争关系，自然存在一定的矛盾。不料，周敏国对王明说道："怎么你也来投标?怎么到哪儿都能遇到你，真倒霉。"

王明心情本来不错，听到周敏国这样说自己，气不打一处来："我才真倒霉呢，你真是莫名其妙。"

就这样，两个人在投标大会上开始争吵起来，最终，被大会工作人员赶出了投标现场。

一个词语很可能让矛盾激化，一句话可能引起别人的误会，因此，在与人沟通的过程中，一定要注意自己的说话语气和选择的辞藻。即便是在与同事相处的时候，也是需要多加注意的。

要想很好地与人相处，化解彼此之间的矛盾，在说话语气和选择用词上应多加注意：第一，语气要平和，不管你心中有多大的怨气，都不要通过语气表露出来，少用反问句，多用肯定句；第二，选择词语要多用褒义词，少用贬义词，更不要用一些带有攻击性质的词语，如“好坏不分”“不懂装懂”等。

消解争端——以变补圆　维护尊严

古人有云：不食嗟来之食。也就是说要活得有尊严，这在现代人看来已经是太傻了。其实不然，在工作或者是出现争端时，首先要做的就是化解双方的争端，所谓“以不变应万变”的方式来维护自己的尊严。

要做一个真正的人，就要得到别人的尊重，而这里的尊重就是自己的尊严所在。有的人认为自己的“尊严”并没有那么重要，重要的是取得物质上的利益，这种想法太过肤浅了。你可以去想，如果一个人无法得到别人的尊重，还怎么可能获得事业上的成功，获得别人的支持呢？

在你与别人沟通的过程中，很可能因为双方存在的变动的因素而影响到双方的观点，比如说你们的利益点不同、地位不同等，这些因素让你们的沟通变得充满矛盾性，为了达成共同的意愿，你可以有所改变，在很多时候你甚至能够改变自己的观点，目的只是为了能够化解彼此之间的矛盾，解决争端，这并非是没有规矩的做法，而是选择一种比较“圆滑”的方式来维护自己的尊严。

李娜娜是总经理助理，一次，总经理安排她和自己去外地出差，出差的目的是跟当地一家公司进行谈判合作，她意识到这是自己表现的好时机，自然是很高兴。在到了目的地后，李娜娜安排了一家距离对方公司比较近的住所，但是住所的环境有点差。李娜娜觉得总经理一定能够理解自己的做法，自己也是希望能够方便工作。

不料，总经理因为这件事情批评了李娜娜，说她根本不考虑事情。总经理又自己定了一家环境很好的五星级酒店。李娜娜本来觉得自己做得很对，到了总经理嘴里自己却成了错的，情绪十分低落。

出差回来之后，李娜娜将这件事情告诉了同事王忠禹，王忠禹也觉得总经理做得对，本来感到委屈的李娜娜现在更加生气了，便冲着王忠禹嚷了起来。王忠禹看到自己的语言和态度惹怒了李娜娜，为了化解争端，他对李娜娜说："你做得也不是错，是你按照自己的想法做的，我如果是你可能当时也会那样安排。你别生气，我知道你很委屈，其实你的安排也是有道理的。"

李娜娜听到王忠禹和自己的观点一致，气消了一半。过了一会儿李娜娜情绪稳定下来之后，王忠禹说道："总经理可能是考虑到要见的客户是一家很有实力的公司，如果自己住那么差的环境的宾馆，不利于双方进行谈判，会有失自己的身份。"李娜娜觉得王忠禹的话很对，便开始跟王忠禹道歉，说刚才不应该冲他发脾气。

在面临争端的时候，为了缓解两个人的情绪，王忠禹选择了改变自己的态度，这样做的结果不但缓和了与李娜娜之间的矛盾，而且得到了李娜娜的认可。而对于王忠禹来讲，他并没有损失什么，最终也间接地维护了自己的尊严。可想而知，如果王忠禹在李娜娜感到生气的时候，没有改变自己的态度，还是一味地按照自己的思路进行交流，势必会将两个人的矛盾激化，从而影响到两个人的关系。

暂时改变自己的观点或者是站在对方角度去说话，并非是一种否定自我的态度，更不是所谓的没有原则，而是一种化解争端的好办法。如果一个人能够真正站在对方的角度去解说问题，在沟通的过程中，会将争端及时地消除，维护两个人之间友好的关系，为沟通创造很好的气氛。

如果想要尽快消除争端，以变补圆，维护自己的尊严，就应该做到站在对方的角度去思考问题，学着去理解对方的观点和思想，尊重对方的想法。在阐述自己观点的时候，不要用过激的语言去否定对方，只要对自己的观点进行阐述足以。

点睛结语：

沟通是无处不在的，如果你想要达到自己的沟通目的，必然需要运用一定的智慧。作为企业的管理人员，在工作中不要所有事情都斤斤计较，要学会以退为进和软硬兼施的大智慧。即便是遭遇沟通困境，也应该学会适当忍让、言语和气，维护对方的尊严，这也就是在对自己的尊严进行维护。尤其是在出门办事时，与人很好的沟通更是需要以不变应万变的智慧，最聪明的管理者不是说出所有，而是学会睁一只眼闭一只眼的处事规则。只有这样才能够让交流变得更加顺畅，得到自己想要的沟通效果。